SHODENSHA
SHINSHO

民泊ビジネス

牧野知弘

祥伝社新書

まえがき

私が、空き家の有効活用の話で京都を訪れたのが、今から3年前。そこで紹介されたのは地元の著名な設計士の方でした。彼は、京都の空き家になっている町家を改装して、宿泊施設として運用しているとのことでした。

京都には、歴史的にも価値がある古民家が数多く存在します。彼はそうした古民家のうち、立地もよく、改装がしやすい物件を選《よ》りすぐってこれを家ごと借り上げ、改装を施《ほどこ》したうえで運用しているのでした。

京都は、もともとホテル・旅館の稼働率はよく、季節の良い週末などはなかなか予約が取れない状況が続いてきました。

この状況に拍車をかけたのが外国人旅行客（インバウンド）の激増です。以前は京都といえば、修学旅行の定番で、多くの中高校生が京都を訪れる姿を目にすることができました。

今でも修学旅行生は年間100万人ほどが訪れるのですが、いまやインバウンドは修学旅行生の数を上回る183万人（2014年）に達し、京都のどこに行っても、学生よりもインバウンドが定番となっています。

彼は、得意顔で私に言いました。

「いやあ、この事業、思いのほか儲かるよ。外人は1泊3万円で泊まるんだよ。たいてい2人でくるから6万円。食事も提供していないのに。古民家は大人気だぜ」

私は、彼のリニューアルの腕前に感心するばかりでなく、その商才に舌を巻いたものでしたが、この事業こそが「民泊」でした。

この民泊、今ではメディアに登場しない日がないほど、世間を賑わしている言葉です。いっぽうで、民泊をめぐってさまざまな困りごとも出てきました。

そうです。彼の京都での「事業」も、実は厳格に言えば「民泊を業《なりわい》として行なっている」ために旅館業法違反と言えるのです。

ホテル・旅館の不足と民泊。この線引きはどこにあるのでしょうか。インバウンドの増加とその受け入れ態勢の整備が喫緊の課題となる日本。どうやって「おもてなし」をすべきか、さあ、ご一緒に考えてまいりましょう。

二〇一六年六月

牧野《まきの》知弘《ともひろ》

目次

まえがき 3

序章 ホテルが取れない！ ～出張ビジネスマンの叫び 13

1 急な大阪出張で泊まる場所がない！ 13
2 東京出張も大変！ 16
3 24時間オープンのファミレスや居酒屋で、夜を過ごすビジネスマン 20
4 梅田も道頓堀も、外国人観光客でいっぱい 22
5 ホテル売却を考えていた社長の心変わり 23
6 突如、話題に登場した民泊とは？ 27
7 「本書を旅する」方へのガイド 32

第一章　なぜ、ホテルが絶好調になったのか　35

1　もともとホテルは、
まったく「儲からない」ビジネスだった　36
2　「宿泊特化」というビジネスモデルの開発　38
3　大乱戦のウェディング市場　40
4　ネット社会の到来によるホテル直接予約の普及　43
5　レベニュー・マネジメント　46
6　宿泊は儲かるビジネス　49
7　半歩先のニーズを演出する　52
8　激増を始めた訪日外国人　56
9　インバウンド増加の三大要因　58

第二章　まったく足りない、日本の宿泊施設　63

1　全国で4万室も足りないホテルの客室　64
2　2020年、インバウンド4千万人の衝撃　67
3　急がれる外国人旅行客対応　69
4　地方空港を空の駅に　74
5　客室不足よりも心配な人手不足　76

第三章　ホテル建設ラッシュで、五輪後は大丈夫なのか　81

1　東京はホテル建設狂騒曲　82
2　首都圏に攻め込む西日本系ビジネスホテル　86
3　京都・大阪は、まったくの用地難　89
4　我もやってみんとするなり

〜異業種の参入が相次ぐホテルビジネス 92
5 不動産業が続々参入表明 95
6 外資系も注目、日本ホテルマーケット 96
7 ホテルマンの地位 100
8 「うなぎ上り」のホテル賃料 102
9 建物をホテルにすると儲かる理由 105
10 どこでも建設が可能な、ホテルという建物 108
11 新しい宿泊形態「ホステル」の勝算 113
12 変わるホテル業界のヒエラルキー 115
13 五輪の後の不安は本当か？ 121
14 「おらがホテル」廃業も追い風に 124
15 ホテル活況の最大のリスクとは 125

第四章　溢《あふ》れる訪日外国人旅行客の受け皿が、民泊　131

1　世界を席巻するエアビーの上陸　132
2　旅館業法との兼ね合い　134
3　マンション管理問題を引き起こした民泊　137
4　民泊の何が問題なのか　140
5　国家戦略特区の試み　143
6　旅館業法改正での対応から新法設定へ　145

第五章　民泊ビジネスの方向性　151

1　民泊全面解禁へ　152
2　空き家対策としての民泊　158
3　投資用不動産としての民泊　161

4 民泊はホテル・旅館とは違うサービスを 164
5 民泊の可能性は地方にある 167

第六章 ホテルの将来 171

1 ホテルビジネスの面白さに開眼 172
2 ホテルは儲かるビジネスになった 176
3 ホテルサービスを輸出産業に 178
4 ＩＴが救うホテル新時代 181
5 国内では淘汰が始まるビジネスホテル 186
6 超高級ホテル・リゾートが伸び筋に 188
7 国際会議場を呼び水にする 190
8 他業種との結び付き 194

おわりに　ホテル・旅館と民泊が演出する、新しい日本の未来像　200

1　外国から「ひと」と「かね」を呼ぶ時代　200
2　インバンドは「空」と「海」からやってくる　202
3　外国人との交流の場は、ホテル・民泊と広場　204
4　ホテルを情報の基点に、産業の結集を　205

序章　ホテルが取れない！　～出張ビジネスマンの叫び

1　急な大阪出張で泊まる場所がない！

ビジネスマンの新しい苦労の種《たね》として、最近にわかにクローズアップされていることがあります。そう、ビジネスホテルの予約がなかなか取れないのです。

「なんだかこのところ、ホテルがひどく取りづらくなった」「ホテルの値段がすごく上がったね」というのが、多くのビジネスマンの実感だと思います。

なかでも、日本中でもっともひどいのが大阪です。急な大阪出張が決まっても、その時、泊まる場所を見つけるのが難しいのです。というのも、大阪の主要ビジネスホテルの稼働率が、なんと9割を超えているからです。

私は以前、三井不動産グループのガーデンホテルズ（現在の三井不動産ホテルマネジメント）に勤務して三井ガーデンホテルの経営に携《たずさ》わったことがありますが、ホテルというものはだいたい稼働率が平均で80％台前半になると、感覚的にはほぼ常時満室です。これを上回って平均で85％を超えると、まさに満杯状態という感じです。

ホテルは1日24時間で365日、年中無休で営業していますから、季節によってどうしても稼働率に変動があります。1週間に限って見ても曜日によって稼働率の起伏がありますが、およそ85％を超えてくると、ビジネスマンが出張でホテルを使う火曜日～木曜日はまったく予約が取れなくなります。

それで、大阪のビジネスホテルに予約が取れなかったビジネスマンたちは、堺《さかい》や高槻《たかつき》、あるいは神戸などに流れていきます。

大阪でホテルが集中しているのが大阪市北区の梅田《うめだ》周辺です。東京人の多くは新幹線との接続に便利な梅田界隈のホテルに泊まることが多いからです。そして、兵庫県の神戸は阪神・淡路大震災後、長期にわたって経済が停滞してきましたが、大阪であぶれたお客さんが流れるようになり、この地のホテルはかなり稼働率が上がっています。

梅田のホテルに泊まれない理由はふたつあって、ひとつは京都のホテルに泊まれないお客さんが、仕方なく大量に大阪に流れてくるからです。

もうひとつの理由が、ユニバーサル・スタジオ・ジャパン（以下、ＵＳＪ）に遊びに来て周囲のホテルに泊まれないお客さんが流れてくるからです。

ＵＳＪは開園当初こそなかなか入園客が伸びなかったものの、ここ数年は、いくつかのアトラクションでのヒットもあり、年間入園者数が１３９０万人（２０１５年）にも及んでいます。この恩恵でＵＳＪ周辺のホテルは常時満室の状態となっているのです。

ＵＳＪから梅田駅まではＪＲでわずか15分ですから、距離的にも近いし、夜遊ぶところも多いので梅田に泊まるわけです。京都とＵＳＪの両方から観光客が流れてくるため、ビジネスマンが出張の拠点にしていたビジネスホテルがいっぱいになってしまっているという構図なのです。

一方、出張自体も２０１４年ぐらいから増加の傾向にあります。東海道新幹線の輸送人員の推移を見ても、２００８年のリーマン・ショック以前の水準を超えてこの一、二年、増え続けています。これはインバウンドが激増した影響もありますが、国内のビジネスマンの出張が増えていることが明らかに影響しています。だから、ビジネスマンはホテルの予約だけでなく、新幹線の座席を取るのにも苦労することになります。

空のほうも同様の混み具合で、羽田空港から発着する国内線の登場者数も、大幅に増えています。

日本では今、ホテル不足が深刻になっていますが、それが極端に出ているのが大阪なのです。

2　東京出張も大変！

地方から東京に出張する場合はどうでしょうか。

恐ろしいことに、東京も日によっては予約が取れない状況になっています。出張が集中する火曜日〜木曜日はきわめてタイトです。というのも、東京のビジネスホテルやシティホテルも、平均の稼働率が80％台後半にまで上がっているからです。

東京に泊まれない場合は、横浜や千葉などでホテルを探すことになりますが、浦安などはディズニーランドに遊びに来る国内客とインバウンドで以前から満杯ですか

図表①　　空港別旅客数推移

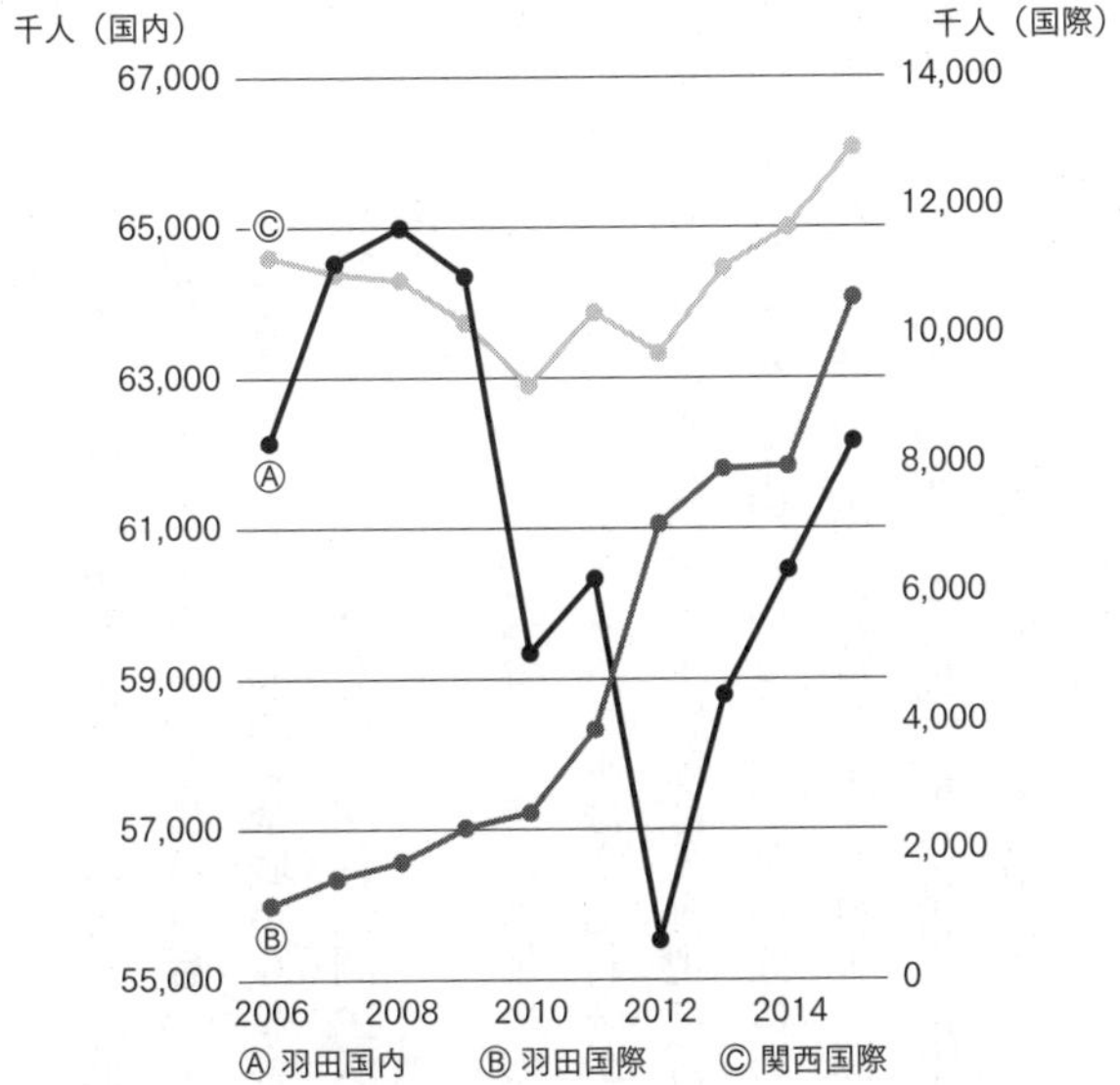

図表②　　東海道新幹線乗降客数推移
（年度：百万人）

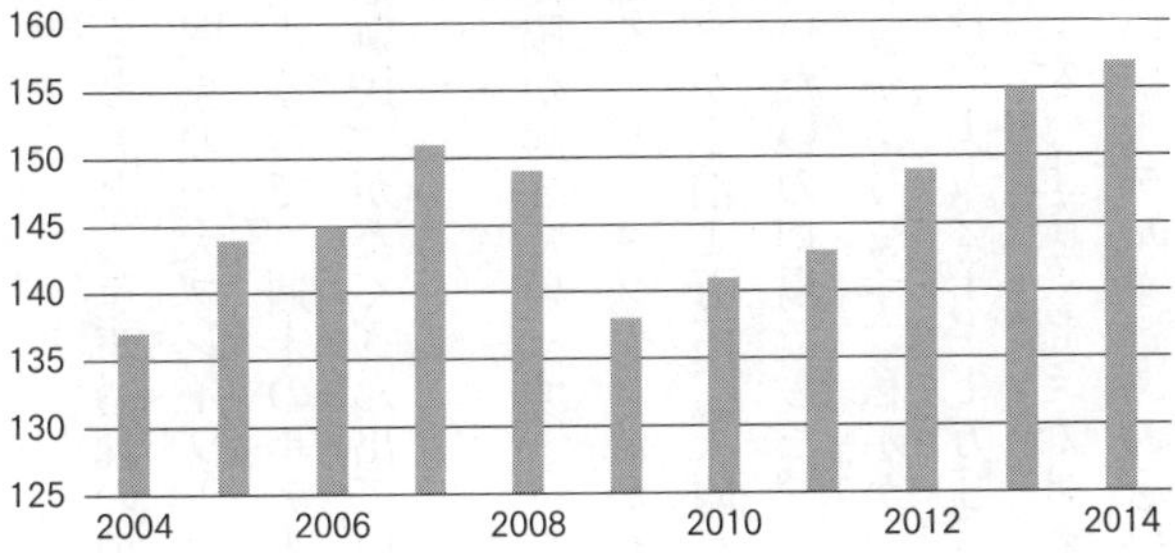

ら、なかなか取れません。

目を転じて、神奈川県の川崎や埼玉県の大宮、浦和などはもともとホテル過疎の地です。大宮や浦和はホテルが少ないところへもってきて、北関東の一大プレイゾーンである「さいたまアリーナ」に北関東全域からお客さんが集まるので、週末のホテルは常に満杯状態です。そういうわけで、首都圏全域で「宿泊難民」がたくさん出ているというのが実情です。

それに加えて、東京出張の場合、ホテルの価格の急劇な高騰が起きています。

これまでも、東京のビジネスホテルは宿泊料金が比較的高く、ビジネスマン泣かせの出張先でした。出張先のホテル料金は大雑把に言えば、東京が1泊1万円、大阪が8千円、地方都市が7千円というのが、長い間にわたってだいたいの相場でした。

日本の会社には通常、出張旅費やホテル料金に関する決まりがあります。私がかつて勤めていた三井不動産だと、地方から東京に出張する場合が1万2千〜1万3千円、東京から地方に出張する場合、1万円ぐらいが上限でした。上限を超えなければ、その範囲内ならどこに泊まってもよく、安くて気持ちのいいホテルを選ぶのも出張の楽しみのひとつでした。

この、会社が設定した出張旅費の上限が最近、ホテル料金の実態と合わなくなってきています。今まで通りの金額では、わずかしかない自腹を切らねばならない状況になってしまいました。企業が出張規定の改定をしなければならないぐらい、ホテル料金が値上がりしてしまっているのです。

これまでは、ビジネスホテル側が企業の出張規定の上限額に合わせて価格を設定していました。なぜなら、上限が7千円なのに料金を8千円に設定したら、ビジネスマンは誰も来ないからです。よっぽど魅力がない限り、出張旅費に上乗せしてまで泊まったりするお人よしはいません。

一時《いっとき》、泊まってくれた特典としてクオカードを付けるのが流行《はや》りましたが、今は廃《すた》れています。藤田観光がチェーン展開するワシントンホテルは、キャッシュバックを行なって大ヒットとなりました。1千円ほどが戻ってきて、食事代になるということで、ビジネスマンたちはみな大喜びだったのです。

ところが、2014年後半ぐらいからホテル側と企業側の力関係が逆転しました。

企業側が、強気のホテルに合わせなければならなくなったのです。

3　24時間オープンのファミレスや居酒屋で、夜を過ごすビジネスマン

ホテルが予約できず、宿泊難民となったビジネスマンは、どこでどうしているのか。

情けないことに、24時間営業のファミリー・レストランや居酒屋で、泣く泣く長い夜を明かすというのが普通のことになっています。

私も大阪出張が決まったときは、決まった日に予約を取ってしまいます。出張する曜日やシーズンにもよりますが、最近ではできれば2週間前には予約を取るアクションを起こしておく必要があります。

では、ホテルの予約が難しいだけでなく、どれほど値段が急騰しているかというと……。

私が運営の相談に乗っている大阪のあるビジネスホテルは、2013年に仕事のサポートをしていたころ一泊6900円でしたが、2016年4月に電話してみると何

と2万円に上がっていました。別に新築して豪勢になったわけではありません。まったく同じ部屋であるにもかかわらず、値段が3倍近くに跳ね上がっていたのです。

このビジネスホテルの社長は数年前、私にこう囁《ささや》きました。

「ねえねえ、牧野さん。従業員には内緒なんだけれどもね。いいところがあったら、思い切っていっそのこと、このホテルを売りたい。どこか、ないかなあ」

そこで、社長の密命を受けて、私が売却先を探したのですが、どの投資家や事業法人に持っていっても不人気で「大阪のホテルなんてまったく儲からないよ」と鼻もひっかけてもらえませんでした。

ところが、2016年に大阪出張したときに会ったところ、社長が「売らんでよかったわ」と言うのです。今なら大阪のホテルを買いたいという人は、ごまんといます。売値はおそらく3年前の倍近くになっていると推測しています。今やホテルブームが到来しているのです。

それで、「社長、今なら買い手が見つかりますけれど、売りますか」と聞くと、「いや、まだ売らん」と言ってほくそ笑んでいました。人間、いざとなると欲が出るものです。

海外の場合、ニューヨークやロンドンなど先進国の主要都市で、急に出張が決まってもホテルの予約が取れないなどということはありません。オリンピックなど大きな国際イベントがある場合は別にして、どこかに必ず、泊まれるホテルが見つかるものです。

つまり、ホテル不足は、日本にピンポイントに出ている特異な現象と言ってよいかもしれません。

4 梅田も道頓堀も、外国人観光客でいっぱい

大阪には、続々とインバウンドが押し寄せています。

ＵＳＪに遊びに来て、買い物もするツアーなどが人気で、難波《なんば》や道頓堀《どうとんぼり》では中国語やタイ語、フィリピンのタガログ語などが飛び交《か》っています。もうここは完全な多国籍街で、地元の関西弁を聞くことができないほどです。

２０１５年にサッカーのクラブ世界一を決めるクラブワールドカップの南米代表と

してアルゼンチンのチーム「リバープレート」が来日した際、アルゼンチン人のサポーターたちが大阪ミナミの道頓堀で川に飛び込み、大騒ぎになりました。

道頓堀は以前は阪神タイガースが優勝したときにタイガース・ファンが飛び込むのが名物になっていましたが、時代は大きく変わったのです。

ちなみに、国土交通省がまとめた都道府県別の外国人延べ宿泊者数を見ますと、東京や京都、大阪、北海道や沖縄、九州が人気です。

北海道は大自然を見に、多くのインバウンドが訪れます。アジアでは北海道を舞台にしたドラマや映画が大流行で、中国や香港《ホンコン》、台湾などから多くの観光客が大挙してやって来ます。

大自然というと中国のほうが本場のような感じがしますが、中国大陸の多くはどこまでも続く平原でパッとしない風景が多く、意外に退屈なのです。

5 ホテル売却を考えていた社長の心変わり

クライアントのひとりであるホテルの社長から、こんな質問を受けたことがありま

図表③
外国人延べ宿泊者数・都道府県別ランキング

ベスト10

①	東京	13,195
②	大坂	6,200
③	北海道	3,890
④	京都	3,291
⑤	千葉	2,667
⑥	沖縄	2,388
⑦	愛知	1,489
⑧	神奈川	1,432
⑨	福岡	1,357
⑩	山梨	948

ワースト10

㊼	島根	28
㊻	福井	31
㊺	徳島	36
㊹	高知	38
㊸	秋田	41
㊷	福島	44
㊶	山形	48
㊵	山口	56
㊴	鳥取	59
㊳	愛媛	64

単位：千人
出所：宿泊旅行統計調査 2014 年

す。

社長「なんだか、みんながみんなインバウンドと言っているけれど、うちのホテルにはちっともインバウンドが来てくれない。どうしてだろう」

私「どういうふうに営業なさっているのですか」

社長「JTBに何度も何度も頼んでいるんだけど、連れてきてくれないんだよ」

その話を聞いて仰天《ぎょうてん》した私は、社長に説いたのです。

私「社長、いいですか？　社長がハワイに行くとき、旅行の手配をハワイのエージェントに頼みますか？　英語が話せないのにハワイのエージェントに頼まないですよね。日本のJTBに頼みますよね」

社長「そうだよ。JTBに頼みに行くよ」

私「じゃあ、中国の人が日本に来るとき、どこに頼みます？　中国の代理店に頼みますよね。日本の代理店に連絡しても言葉も通じないし、わざわざ日本の代理店に頼みますか？」
社長「あっ、そうか」
私「だから、中国や台湾のエージェントと仲良くならないと、インバウンドのお客さんは取れませんよ。アゴダに名前を出してもらうところから始めたらどうですか」

ネット上には、世界的なホテルの予約システムであるＡｇｏｄａ（アゴダ）やホテルズドットコムのような国際的なネット・エージェントがあります。中国にも日本の楽天や「じゃらん」のようなネット・エージェントがあるので、中国の代理店を知らなくてもこういうところにアクセスすればよいのです。
あるいは、ＦＩＴ（フリー・インディビジュアル・ツーリスト）と呼ばれる個人の旅行者も増えており、日本のホテルに直接ネットでアクセスしてきて、中国語の案内を読んだり、中国語の翻訳機能を使って日本語の案内を読んだりして、ネットで予約をしてきます。

アゴダは世界の有名ホテルがたくさん入っているネット・エージェントで、サイトを開くと日本語の画面もあります。ですから、簡単に予約を取ることができます。

ロンドンのミュージアムでも、ホームページにアクセスしてチケットがクレジットカードで購入できますので、便利な時代になりました。

エージェントはホテルの予約を取るという仕事を失いましたが、修学旅行やグループ旅行などのツアー企画の仕事は残りますから、今後は業態を変えていくことになりそうです。

ホテルはエージェントに支払っていたマージンが激減した分、本来なら価格を下げられるはずなのですが、ホテル不足の状況から強気になって、逆に価格を吊り上げているのが現状です。

6　突如、話題に登場した民泊とは？

かつては構造不況業種ともいわれたホテル・旅館業界に突如として現われたインバ

ウンド需要は、これまで述べたように業界にとっての「干天《かんてん》の慈雨《じう》」にもなりました。

しかし、ネットの発達は、多くの産業で「競争のルール」を変えるだけでなく、新しい業態を生み出すことにも貢献しています。

ホテル・旅館業界の前に立ちはだかり始めた新しい業態が、「民泊」です。

「民泊」とは、個人が自宅などを旅行者などに開放して宿泊の用に提供する方式で、これまで欧米を中心にごく普通に行なわれてきました。

欧米人は、夏などに長期間バカンスに出かけます。長く家を空《あ》けることになりますので、その期間中に家を旅行者などに貸してあげるのです。日本人は、自分たちの留守中に他人に土足で上がり込まれることには抵抗があると思いますが、欧米人はあまり気にしません。そもそも日本の家屋で土足は厳禁ですが。

また空いている部屋などがあれば、やはり気軽に旅行者に貸し出します。

こんな形で欧米では定着していた宿泊形態が、ネットによって爆発的に拡大したのです。Ａｉｒｂｎｂ（エアービーアンドビー）という民泊専用のシステムは、民泊をシステム化して、世界中のどこからでも気軽に旅行者が、一般の住宅に宿泊できる民泊システムを築き上げて、このマーケットを席巻しました。

民泊は体験してみると、ホテルのような狭い部屋ではなく、ベッドに書斎がある、トイレや風呂も、あたかも自分の家のように使える、オーナー家族との交流も期待できる、など従来のホテルにはなかった「アットホーム」なホスピタリティを感じることができる、というので急速に市民権を得ていったのです。

さて、ホテル不足が深刻な事態になっている日本。民泊スタートのきっかけとなったのが、日本の不動産を買いまくる外国人でした。

タワーマンションなどの部屋を買った、中国などをはじめとする外国人所有者は、日本でマンションを買ったものの、自分たちが日本に来るときだけに使ったのではもったいない。さりとて、賃貸にしてしまうと、自分が日本に来たときに使えないし、売却したいときにうまく売れないかもしれない。自分が来ていないときに、民泊で貸せば、小遣い稼ぎにもなる、ということで民泊システムを利用するようになったのでした。

面食《めんく》らったのが、同じマンションに住む日本人たちです。隣りの部屋は、前から変な中国人がいて、何をしているのやらわからなかったのに、何やら毎日違う外国人数人が大きなキャリーバックを引っ提《さ》げて入れ代わり立ち代わりやってくる。

やってくるだけじゃない。夜はパーティーでもしているのだろうか、部屋の中でどんちゃん騒ぎ。中には夜遅くまで、タワーマンションご自慢の共用部の高級ソファにすわって大宴会。

宴《うたげ》の終わった翌朝には、あろうことか、共用廊下やロビーはゴミの山。怒り心頭の住民たちが、所有者に文句を言おうにも、所有者は海外にお住まいで連絡の取りようもない。

「いったいぜんたいこれはどういうこと！」

というのが、日本における民泊の始まりでした。

こうした「事件」がメディアでも面白おかしく取り上げられるようになり、民泊は急速にわれわれ日本人の間にも知られるようになったのでした。

このようにどちらかといえば、「トンデモ」な業態として知られるようになった民泊ですが、これをチャンスととらえた人や業者もありました。

最初に飛びついたのが、ワンルームなどの投資用マンションオーナーです。ワンルームマンションに代表される投資用マンションの多くは、新築時こそテナントも入り、また分譲会社の家賃保証などで、「目論見《もくろみ》通り」の運用を続けてきたものの、築年数が経過するにつけ賃料は下がり、そのうち家賃保証期間も終わりを告げ、テナントも周辺にできた新築マンションに引き抜かれ運用に苦しむオーナーが続出していたのです。

場所の良いワンルームであれば、外国人に民泊として売り出せば、空室状態を少しでも改善できるのではないか、ということで広まり始めました。東京の池袋や大塚などといった場所にある、平成初期に建設されたような投資用マンションは今や外国人だらけ。その中には民泊部屋も多数含まれているものと思われます。

次に目を付けたのが大阪のおばちゃんです。家の中の空いている部屋、かつて息子や娘が住んでいたであろう部屋を、「もったいないから貸したったらええがな」ということで民泊を始めました。やってみたら、あらま、「えらい儲かりまっせ」ということで、近所にしゃべくりまくる。「それはええな」というわけで、次々と民泊に申し込む。だいたいこんな感じです。

さてこうして日本にもじわじわと広がりだした民泊。国としても黙ってみてはいられなくなってきました。既存のホテル・旅館からも営業妨害だと、大ブーイングです。いっぽうで、東京五輪を控えて、日本は空前のインバウンドブーム。民泊推進か規制か、各関係者は自らに「虫のよい」主張を繰《く》り返します。

民泊は新しい宿泊スタイルとして本当に日本の中で根付いていくのか、ここ数年の動きがすべてを決めていきそうです。

7 「本書を旅する」方へのガイド

2015年度の1年間に日本を訪れた外国人旅行客はついに2千万人を超えました。

インバウンドの激増に伴《ともな》い、政府目標も倍増しました。これまでは東京オリンピックが開催される2020年に2千万人が目標だったのが、倍の4千万人になりました。

これはいったい、どういうことなのでしょうか。インバウンド倍増の背景に何があるのでしょうか。

インバウンドについては数ばかりが取り上げられますが、経済効果、それも地方への経済効果が非常に大きいことがわかってきました。日本を訪れる外国人の多くが大挙して東京や大阪、京都に来ていると思っている人が多いのですが、外国人旅行客の激増によって潤《うるお》っている地方が日本の中にたくさん出始めています。政府は地方創生に力を入れていますが、ここへきて地方もようやくインバウンド効果に気づき始めています。

本書では、インバウンドをどうやって呼び込むのかについても、具体的な提案をしていくつもりです。

経済効果が期待されるインバウンドですが、さはさりながら4千万人も訪れるとなるとホテルをいくら作っても足りません。そこで、ホテルを新設する一方で、突如ブームになり、話題が尽きないのが民泊です。

民泊は気軽に地域にある民家に宿泊できるということから、ホテルなどの客室不足を補う存在として俄然クローズアップされたというわけです。

これに対して、ホテルや旅館の組合は当然ながら大反対しています。業界の意向を受けて、政府も当初は厳しく規制して実質的に民泊を機能しないようにする動きが進みましたが、観光を考えている安倍政権が、「待った」をかけました。アベノミクスを牽引《けんいん》する有力な成長産業として、安倍政権が民泊を認めるようプッシュし始めたので、業界との間で綱引きが行なわれました。

いったんは国家戦略特区で対応することになり、ルールも一部できましたが、その後、新しい法律を作ることになって、法律の中身を詰める作業が続いています。新法は2017年に国会に提案される見通しです。

こうした最前線の動きにも触れながら、本書ではインバウンドの現状から、国内経済への波及効果、そして民泊ビジネスの現状と可能性などを解き明かしていきたいと思います。

第一章　なぜ、ホテルが絶好調になったのか

1 もともとホテルは、まったく「儲からない」ビジネスだった

私が三井ガーデンホテルの仕事をしていた2002年ごろは、ホテルは完全な不況業種でした。今では信じられない人もいるでしょうが、ホテルは、儲からないビジネスの典型だったのです。

ホテルにはいちおう、タリフと呼ばれる基準価格がありましたが、そんなレートとはお構いなしで、いつも値引き合戦が展開されていました。ガーデンホテルズ社も赤字会社でした。

三井ガーデンホテルは、1984年に大阪市中央区にオープンした三井ガーデンホテル淀屋橋《よどやばし》が第一号でしたが、あまり儲かりませんでした。私が担当した2002年ごろには全国15カ所にホテルがあり、中には黒字のホテルもありましたが、利幅はとても薄かったはずです。

当時、大阪に出張するとき、多くのサラリーマンはホテルの予約など一切しませんでした。仕事が終わった後、飲み会をやって2軒目で飲んでいるころに、ほろ酔いかげんで携帯でチェックして予約を入れるのが常でした。ちょうど夜9時をすぎるころ

には大安売りの状態で、安くていい部屋が取れたからです。

ホテルが儲からない理由は、建物の建設や維持にお金がかかる上に、数多くのスタッフを使わなければならず、人件費がかかるからです。また、日本の場合は地価が高いことも、ホテルビジネスのマイナス要因になっています。

2000年代前半は、都心でちょっとした広さの土地が売り出されると、オフィスビルにしました。ビジネスホテルでは採算が取れないだけでなく、建設費すら賄《まかな》えないので、ホテルというアイデア自体が出てこなかったのです。

たとえば、地方都市に600坪の土地があるということだったら、地方ゆえに地代が安いですからビジネスホテルも候補のひとつになりましたが、東京ではありえませんでした。

ところが、現在では「東京でホテルをやりたい」という人が山ほどいて、プロである私ですら驚くぐらいの高値で土地が取り引きされています。それは、ホテルの稼働率が急上昇した上に、宿泊単価も一気に吊り上がったからです。

オフィスであればビルに空き室が出ますが、ホテルを丸ごとホテル運営会社に貸せば空き部屋は出ません。しかもホテルへの賃貸は長期間（20年程度）の一括貸しですので、不動産オーナーから見ても、空室率や賃料の変動を気にしないですむホテルは今やおいしい運用先になっているのです。

2 「宿泊特化」というビジネスモデルの開発

ビジネスホテルは、宿泊に特化したモデルです。

アメリカではB&B（ベッド・アンド・ブレックファスト）という業態が発達していたのですが、このように宿泊だけに特化して良好な宿泊環境を提供するビジネスモデルが、日本でも広がりました。

その先駆けのひとつが、三井ガーデンホテルでした。宴会場やレストランの直接経営を止め、レストランをテナントにするなどの大手術を手がけたのです。私がいた2002年ごろにトライした試みです。

そもそも従来のホテルは、宿泊と宴会、それに料飲の3部門に分かれ、宴会部門には婚礼も含まれていました。地元の企業のパーティーを宴会場で引き受けたり、土日を中心に結婚式の披露宴をやったりしたのです。

ホテル経営の特徴のひとつとして、面白いことに、3部門とも全部ターゲットのお客さんが違います。普通の宿泊客は宴会をしませんし、結婚ももちろんしません。朝食はホテルで摂るにしても、夕食や飲み会は街の飲食店でします。

ホテルの宴会係は、地元の企業や富裕層との間にコネクションを作り上げて、宴会を取るのが仕事です。また、婚礼は結婚を決めたカップルが申し込んでくるので、これはまたまったく次元の違う仕事になります。レストランは、ホテル周辺にある企業で働いている人たちや地元の富裕層に、飲み食いをしてもらう場所です。

同じ建物で、お客さんがまったく違う3部門の仕事をしているのが、シティホテルといわれる業態なのです。バラバラの客層をひとつの入れ物で受け入れているのですから、そもそもが経営上無理な話なのです。

しかも、宴会や料飲がまったく儲からなくなってしまいました。バブル経済が崩壊して企業の宴会は激減し、その後もデフレが続いたために最近まで客が戻らなかったからです。

また、レストランも閑古鳥《かんこどり》が鳴くようになりました。昔は美味《おい》しい洋食を食べられる高級な店自体が少なかったので、ホテルのレストランで食べること自体が多くの人たちの楽しみでした。ところが、これだけ街中にレストランができ、しかもホテルより美味しい食事を出す店が多く存在するようになると、わざわざ高いお金を出してホテルのレストランに出かける人はいなくなりました。

それで、私が三井ガーデンホテルの経営企画部長だったとき、レストランでの夕食の提供を止《や》める決断をしたのです。

3　大乱戦のウェディング市場

結婚式も大乱戦で、結婚式専門の会場が増える一方で、ホテルでの結婚式は激減してきました。当時も今も、結婚式で潤《うるお》っているホテルはごくわずかです。

ひところはレストランで結婚式をするレストラン・ウェディングが流行《はや》ったこともありますが、今は廃《すた》れてしまっています。

また、結婚式自体も大きく変わりました。昔は多人数で大きな会場でやることが多かったのですが、出席者の数が減り続け、家族と親戚など親しい人たちだけのパーティー形式で行なう小規模な婚礼が増えてきました。仲人を置かない結婚式も多いです。また、ひとり当たりの単価も安く抑えられるようになりました。

一昔前まではひとり5万円で200人という規模が主流でしたが、今やひとり2万円で30人という小規模ウェディングが主流になっています。これでは、ホテルという大きなハコではまったく儲かりません。

儲からないだけでなく、婚礼は非常に手間と人手がかかる難しいビジネスなのです。

新郎新婦にとっては一生に一回の晴れの舞台ですから、「あれもやりたい。これもやりたい」と、わがまま放題です。新婦が泣き出したり酔った出席者が踊り出したりハプニングが絶えず、お客さんの滑《すべ》った転《ころ》んだなどにすべて付き合わなければなりません。

バカにならないのは、披露宴会場の設備です。キラキラ光る照明器具が電動で動いていく「ムービングライト」という機器を取り付けるには1千万円以上かかります。

しかも、その流行が数年で変わっていきます。ライバルとの競争上、やむをえずにモデルチェンジをしていきますが、これなども付き合っていられない出費です。

これで30人しか出席しないのでは、とても採算など取れません。それでも年間200組取れればビジネスになりますが、年間20組ではお話にもなりません。だから、三井ガーデンホテルでは、婚礼はすべて廃止してしまいました。

料飲や宴会、婚礼は専門性が高く、手間も経費もかかる上に景気に左右され、街のレストランや専門業者に敵《かな》わなくなりました。

一方、宿泊は専門性がほとんど要《い》らない部門です。快適な部屋を用意してお客さんを泊めてあげるだけの仕事ですから、エクスパーティーズが不要なのです。ある意味で、宿泊は賃貸住宅に近いビジネスです。

私はホテルをやりたいという経営者にいつも、次のように説明しています。

たとえば、100室のホテルがあるとします。このホテルを、四角形のなかに縦横の線を引いて区切ったハニカム（ハチの巣）で表現します。ハニカムの1区画が1室と考えると、ホテル業というのはこの区画を埋めていくパズルです。

区画を埋めるだけの作業ですから、いかに効率的に、たくさんの区画を埋められるかがすべてです。

したがって、宿泊の予約システムはきわめてシンプルで、季節や曜日の変化などのデータをパソコンに入力するだけで、○月×日の売り上げはいくらになり、稼働率は何%かが出てくるのです。

逆に言うと、その日が終わってしまえば、すべて御破算《ごわさん》で流れてしまいます。その意味では飛行機の座席を埋めるのに似ています。区画が埋まらなかったらアウトで、その分だけ売り上げを減らすことになります。

4　ネット社会の到来によるホテル直接予約の普及

宿泊のシステムは非常にシンプルであるにもかかわらず、ホテルは長い間、宿泊に特化した営業をやってきませんでした。

どういうことかというと、基本的に旅行代理店に集客は任せっぱなしで、旅行代理店がお客さんを集めてくれていたからです。

代表的な旅行代理店には近畿日本ツーリストやＪＴＢなどがありますが、たとえば○月×日の宿泊１００室のうちの20室分の枠《わく》を近畿日本ツーリストに、別の20室分の枠をＪＴＢに丸ごと依頼するわけです。

全室が埋まればいいのですが、埋まらないと○月×日の3日前になって、旅行代理店から「15室しか埋まりませんでしたので、5室はお返しします」と連絡がきて、それをただそのまま受けていたのです。リカバリーしようにも3日前ではどうにもなりませんから、5室はこの日、もったいないことですが空《あ》きのままです。

では、ホテルの営業マンは何をしていたのかというと、泊まってくれるお客さんに対して営業をかけていたのではありません。旅行代理店の担当者に接待攻勢をかけて太いパイプを作り、お客さんを自分のホテルに回してくれるように働きかけるのが仕事でした。

つまり、旅行代理店というエージェントがホテルを牛耳《ぎゅうじ》っていたわけです。

ところが、インターネット時代を迎えて、お客さんがネットの情報やホームページを見て直《じか》にホテルにアクセスしてくるようになりました。直接の申し込みが増えるに従って、エージェントに依頼する枠がしだいに減ってきました。

また、私がビジネスマンをしていたころは、出張先のホテルを予約するとき、職場の事務担当の女性に頼んでいました。その女性スタッフが旅行代理店に電話を入れて予約を取っていたのです。しかし、今は会社の部長であろうが課長であろうが、自分でスマホやパソコンを使って予約を取っています。

つまり、エージェントも予約をしてくれる女性スタッフの仕事も要らなくなったのです。

新幹線や飛行機の予約もそうですが、エージェントの役割がなくなりました。その結果、ホテルはシステム産業になりました。資本を投じてシステムを整備し、後はネット上に広告を打てばよいのです。

ここで台頭したのが、楽天や「じゃらん」などのネット・エージェントでした。こういった新たなエージェントがホテルとお客さんをネット上で仲介する役割を果たすようになったのです。

しかし、ホテル側もさらに進化して、それぞれのホテルがホームページを立ち上げて、直接お客さんからの予約を受け付けるようになりました。

5　レベニュー・マネジメント

ビジネスホテルの料金には、もともとタリフに基づく標準の小売価格がありました。この価格からいかに安くするかを勝負するのがこれまでのホテルビジネスだったのですが、最近は需給バランスで価格が変動する「変動相場制」になっています。

多くのホテルで、その日によって料金のレートを変えているのです。これを専門用語で「レベニュー・マネジメント」と言います。需給バランスによって、ホテル側が自由に価格を設定して提示するのです。

これの方式はホテル経営学の基本のキで、欧米のホテルでは昔から導入されていました。その経営の基本が、日本でもここ数年で広がってきたというわけです。

レベニュー・マネジメントを積極的に展開している代表的なホテルが、台頭著しいアパホテルです。アパは全国展開していますが、たとえば東京港区虎ノ門のアパホテルは繁忙期には一人一泊3万円を超える価格になります。普通のビジネスホテルの部屋よりも狭い10平方メートルほどの部屋が、です。場合によっては帝国ホテルの広く豪華な部屋よりも高いわけですから、「こんな値段で、誰が泊まるのか」と思われますが、実際に泊まる人がいるからこの値段がつくのです。

逆に言えば、そのくらい今の日本はホテル不足で「アパで3万円でも、とにかく泊まれればいいや」というお客さんがいるということなのです。

ホテルの稼働は、年間を通じてだいたいの推移が決まっています。正月が活況で、2月や8月はお客さんが少なく、4月の入学シーズンや秋の観光シーズンには増えるといった、年間の行事に対応したカレンダーがあるのです。また、季節、時期、連休や祝祭日、曜日、天候などによっても稼働が左右されます。

このため、こうした稼働の動きを解析したソフトウェアが開発され、年間の収益計画を立てることができるようになりました。

これまではフロントの男女の従業員が宿泊予約を電話で受け付けていましたが、アパの場合は予約センターで集中管理しています。どこのアパホテルに電話をしても、統一された予約センターにつながるのです。一方、ホテルの現場のフロントにいるのは大概アルバイトですから、権限もなく、話が通じないことが多いのです。

アパホテルの場合、予約しておくと、当該ホテルが満室でもチェーンのうち、当日に部屋が空いている、すぐ近くにあるホテルに案内されます。価格もその日のレートで変わります。

こうしたホテルのシステム産業化については、いいか悪いか議論があります。このやり方は、昔はお客さんの信頼を裏切る行為だから悪い、とされていました。

しかしお客さんの多くは、特定のビジネスホテルに対する思い入れやブランド意識を持っているわけではありません。「とりあえずその日に泊まれればいい」「一泊7千円なら、どこでもいい」というビジネスマンのニーズをうまく捉えたのがビジネスホテルなのです。そうであれば、その日の状況によって価格を変動させてもいいではないかと、ホテル側は考えるようになりました。

「こんな高いホテルには二度と泊まるものか」と嫌われるリスクもありますが、実際には客離れどころか、アパホテルは巨額の収益を稼ぎ出しています。アパホテルの成功を見て、今はどのホテルでも多かれ少なかれ「変動相場制」を採用するようになっているのです。

6　宿泊は儲かるビジネス

宿泊というのは、利益率がきわめて高いビジネスです。なぜなら、人手がそれほどかからないからです。

宴会だと、会場のセッティングから受付、料理、配膳、片付けなど多数のスタッフが必要となります。１００人が集まる宴会を開くために、30人ぐらいのスタッフを集めてサーブしなければなりません。

これが婚礼ともなると、まさにコストの山です。とにかく人件費が嵩《かさ》むので、高い料金をもらわないと端《はな》から儲からないビジネスになってしまうのです。

ところが、宿泊だけは儲かります。利益率が5割を超え、満室になると7割にも達します。一方、コストはそれほど変わりません。稼働率が6割でも8割でも清掃スタッフの人数は同じぐらい必要です。だから、稼働率が上がった分がほとんど収益になるのです。

ビジネスホテルの場合、一室の宿泊原価は2千円〜2500円です。このあたりのことは『なぜビジネスホテルは、一泊四千円でやっていけるのか』（祥伝社新書）という本に詳しく書いたので、お読みになってください。稼働率が7割あれば、4千円×7割で2800円です。原価が一室あたり2千円だったら、800円儲かることになります。

ホテルの建物自体はおおよそ50年もちますが、改装にはコストがかかります。実はホテルの場合、オフィスに比べて建物内部の消耗がとても激しいのです。というのも、1日24時間、365日稼働していて、寝泊まりするためお客さんの滞在時間が長いからです。全国旅館ホテル生活衛生同業組合連合会が、かつて固定資産税の減免を政府に求めたことがありますが、これはホテルという建物の消耗が激しく、傷《いた》み易いからです。

だから、できれば5年に一度はリニューアルするのが理想です。実際には7年から10年に一度リニューアルが行なわれています。

ホテルというのは演出ビジネスなので、その時々の流行にともなって改装が常に重要になります。ふんわりゆったりした安心で心地よい空間を演出するテクニックが鍵ですが、これがデザインと密接に絡んでいます。流行から外《はず》れないように、かといってコストがかかりすぎないように考えて、少なくとも7年から10年に一度は改装する必要があるのです。

それから、風呂や洗面など水回りも20年に一度は交換が必要です。だから、リニューアルに備えて一定の積み立てをしていかなければなりません。

立地がよくて改装ができているホテルは、競争力を維持できます。さらに、優良なホテルは必ずリニューアルをやっています。一方、老朽化したホテルは客が離れていき、改装ができないためにさらに客が離れるという悪循環に陥《おちい》っていきます。

大阪のあるホテルにアドバイザリーに出向いて宿泊したときのことです。翌朝、社長が「牧野さん、あの部屋どうでしたか?」と聞くので「別にいいんじゃないですか」と答えると、社長が「先月、改装したんですよ」と言うわけです。

私は「えっ、改装したの?」と思わず、聞き返してしまいました。というのも、張り替えた壁紙が前と同じ色だったので、改装に気づかなかったからです。

どうせ張り替えるのなら、色を変えるとかアクセントをつけるとか、何らかの工夫が必要です。コストはほとんど変わらないのだから、「プロのぼくが気づかないような改装をやらないでくださいよ」と諭《さと》したのでした。

7 半歩先のニーズを演出する

日本人に限らず、ホテル好きの人は多いです。それは、ホテルがハレの場だからです。だからこそ、ちょっとした演出がお客さんを呼ぶことになるのです。

ブランドでホテルを選ぶという人もいないことはありませんが、ロイヤリティーにこだわって特定のホテルにだけ泊まるお客さんは、実はそれほど多くありません。とくに日本人は新築のホテルが好きですから、新築ホテルが隣りに建ったら最悪です。

ビジネスマンの場合は、立地と価格で泊まるホテルを決めます。なんといっても、出張先の近くにあるホテルを選ぶ人が多いと思います。

ホテルは演出ビジネスですから、お客さんの住んでいる住宅よりも、半歩ほどよいものを提供するのがコツです。一歩二歩先だとお客さんはとまどってしまって、理解してくれません。むしろ、半歩先がよいのです。半歩よい設《しつら》えを用意して「あっ、こんないいものがあるんだ」「これが欲しかった」というようなものを、ひとつでもふたつでも部屋に置くことが大切です。

私の知人で国内中を営業してまわっているある会社の部長さんは最近自宅の風呂やトイレ、洗面所などの水回りを全部リニューアルしたそうです。しかも、風呂場は床だけでなく、壁や天井も張り替えたといいます。

彼が言うには、その後、出張先のいつものホテルに泊まると水回りのアラが目立つようになったそうです。自宅に入れた風呂やトイレよりも性能が悪いことが気になりだしたからです。これでは半歩先ではなく、半歩後退です。

彼が名古屋の新築ホテルに泊まったときも、トイレを見た瞬間、「あっ、なんだよ。これグレード低いやつじゃん」と思ってしまったのだそうです。

彼はリニューアルを行なうにあたって、自宅に入れるトイレを選ぶためにショールームに行って新製品を見たり、そこのトイレに入ってみたりして相当、勉強していました。だから、自宅のトイレよりも2ランクほどグレードの低いタイプであることがわかってしまったのです。こうなると、今までは何の文句もなく宿泊していた優良な客だったはずが、「なんだよ。こんなものを入れて」と、意地の悪い客に早変わりです。

お客さんへのサービスというのは、お客さんのニーズの半歩先を見てケアすることであり、半歩先のケアができているときに「このホテル、サービスがいいね」と言われるのです。お客さんのニーズを後から追いかけているのでは、サービスとは言えません。

それから、サービスはホテルのランクによっても違います。宿泊オンリーのビジネスホテルではポーターを置いてお客さんのバッグを部屋まで運ぶ必要はないですし、余計なケアをすると「煩《わずら》わしいから止《や》めてくれ」と言われるだけです。

三井ガーデンホテルの場合は、会社の部長級が泊まるビジネスホテルというイメージです。価格が1泊1万円から1万5千円程度で、宿泊に特化したホテルを求めるビジネスマンの一番上澄みの部分を狙ったモデルと言えます。三菱地所グループのロイヤルパークホテルや、ワシントンホテルのホテルグレイスリー、日比谷や秋葉原にある阪急阪神第一ホテルグループのレムも同じカテゴリーです。

これらのホテルは、もっとも儲かる形の宿泊に特化したビジネスモデルであり、シティホテルのような専門性が求められません。だから、三井や三菱の不動産会社でもできるのです。不動産会社にとってみれば、空いている部屋を埋めればいいだけですから、賃貸マンションと変わりません。

また、ホテルは、世の中の変化に敏感なビジネスでもあります。

たとえば、東京都内で爆発、テロなどの大きな事故が起きると、翌日からインバウンドが来なくなります。東日本大震災の後も、外資系ホテルからインバウンドの姿が消えました。

ジカ熱やデング熱などの疫病や地震などの災害にも、ホテルビジネスは非常に弱いです。災害や事故は起きてしまったらアウトです。打つ手がありません。そういう意味では、リスクの高いビジネスであるとも言えます。

8　激増を始めた訪日外国人

２０１４年の後半からホテル業界が活況を見せ、ホテル不足が表面化しましたが、その背景には何と言ってもインバウンドの激増があります。

２０１３年に１千万人を超えたインバウンドは14年に１３４１万人、そして、15年の年度換算では、ついに２千万人の訪日外国人を突破したのです。政府が２０２０年の訪日外国人目標にしていた２千万人を、５年前倒しで達成してしまったことになります。

この絶好調を受けて、安倍首相を議長とする「明日の日本を支える観光ビジョン構想会議」は２０１６年３月、訪日外国人観光客数の目標を倍増させ、２０２０年に４千万人、２０３０年に６千万人とすることを決めました。

これに伴い、15年で３兆５千億円に上《のぼ》った訪日外国人の旅行消費額についても、目標を倍増させて２０２０年に８兆円、２０３０年に15兆円をめざすこととなりました。

安倍首相はアベノミクスの新三本の矢として、名目ＧＤＰ６００兆円、希望出生率

1・8%、介護離職ゼロを掲《かか》げていますが、このうちGDP600兆円に向けた成長エンジンとして、観光産業を起爆剤にしたい考えのようです。

世界観光機関によると、諸外国のインバウンド数は14年の統計で、フランスがトップで8370万人、ついでアメリカが2位で7476万人、スペインが3位で6500万人、中国が4位で5562万人、イタリアが5位で4858万人で、いずれも日本の目標より多くなっています。ちなみに、日本は1341万人で世界22位でした。

この、ホテルを取り巻く環境の大激変は、主にインターネットがもたらしたものです。私たちがネットでロンドンの劇場を予約できるように、外国人もネットを通じて日本のホテルを予約することができるのです。そういったネット環境が整えられたことが、激変の背景にあります。

アジアの人たちにとって日本はもっとも身近な先進国であり、安全な国です。四季があって自然環境に恵まれ、歴史や伝統文化が豊かで、食事も美味しい。その意味では、日本は非常に観光資源に恵まれた国です。

また、交通網が非常に発達して社会インフラが整っており、ネットで予約して国内のどこへでも気軽に旅行することができる点も大きなメリットです。こうした要因が重なって、ホテル・マーケットの活況が生まれているわけです。

外国人は日本のビジネスホテルを絶賛しますが、それだけでなく、旅館や温泉など、欧米にないけれども、気軽に泊まれる宿泊施設も好評を博しています。畳の上に布団《ふとん》を敷いて寝るとか、障子《しょうじ》やふすまがあるとか、和風のテイストを好む外国人も多いのです。

そういったニーズに上手に対応したホテルが増えています。たとえば、浅草にあるホテルでは、大浴場に日本人でも気恥ずかしいほど、たくさんの歌舞伎の絵が描かれていますが、この例などはニーズにフィットしたケースと言えます。

9　インバウンド増加の三大要因

インバウンドが激増してきた要因としては、大きく分けて3つあります。

ひとつは、アジア諸国で海外旅行ができる中間所得層が激増してきたことです。余裕のあるお金を使って海外旅行をしたい人たちが、日本に押し寄せてきたのです。

中国では、旅行や教育に投資できるアッパーミドル層（年収1万5千ドル～3万5千ドル）と富裕層が、合わせて約1億人（２００９年）から3億人（２０１５年）に激増し、さらに２０２０年には6億人まで増える見通しです。

また、ＡＳＥＡＮ5カ国でも同様に、アッパーミドル層や富裕層が合わせて約４千万人（09年）から1億人（15年）へと激増し、２０２０年には１億８千万人になる見通しです。

2つめとして、政府がビザの要件を緩和したこともきわめて大きかったと思います。２０１０年に中国の観光ビザの発給要件が年収25万元（1元＝18円として約４５0万円）から6万元（約１０８万円）まで引き下げられ、２０１５年には有効期間中の数次渡航に対する制限も緩和されました。

政府が観光立国構想を打ち上げたのは、小泉純一郎政権の頃でした。以来、国土交通省と観光庁、それに日本政府観光局などが束《たば》になり、連携しながら国家戦略として外国人旅行客の誘致を進めてきました。この観光立国をスローガンにした政府の政策は非常に的《まと》を射たよい施策であったと思います。それをより明確に打ち出したのが、安倍晋三政権ですが、ビザの緩和はかなり効果があったと思います。

3つめは、為替《かわせ》です。中国の人民元と円の交換レートが2012年に1元＝12円台だったのが、2016年1月には1元＝18円まで上がり、4割も元高円安になりました。つまり、中国から日本に旅行に来る際、渡航費やホテル代、買い物代などが軒並み4割も安くなったわけです。

こうした要因を見ると、インバウンド増加の動きは、大きなテロ事件や災害が起きない限り、2020年を越えて続くだろうと思われます。政府が打ち出した2020年に4千万人という目標には正直言って驚きましたが、けっして不可能な数字ではありません。

2015年暮れに受けたインタビューで、私は記者に「インバウンドは来年（2016年）どうなりますか」と聞かれたので「まあ、2500万人ぐらいじゃないですか」と答えたところ、「すごい強気ですねえ」と驚いていました。それで、「強気と言っても、たかだか3割増でしょう。けっして不可能な数字じゃないと思いますよ」とコメントしたのを思い出します。

実際のデータを見ると、熊本地震の影響があったにもかかわらず16年も1月から5月にかけて、前年同期比で約3割増えています。世界は常に不確定要素の固まりで、数値について正確な予測をすることはできませんが、今後のトレンドという意味では確実に「上向き」のベクトルを描くことができるというのが、インバウンド需要なのです。

第二章　まったく足りない、日本の宿泊施設

1　全国で4万室も足りないホテルの客室

２０１５年1年間でインバウンドが2千万人に達したため、政府は２０２０年の目標を一挙に4千万人に倍増させました。

この目標は一見、途方もない数字に見えるかもしれませんが、そのくらいの勢いでインバウンドのホテルの需要が高まっていることの表われでもあるのです。

15年8月、みずほ総合研究所がシミュレーション結果を発表しました。それによると、このままインバウンドが激増した場合、２０２０年の時点で東京・大阪・京都など11都府県のホテルの部屋4万1千室分が不足するというのです。

東京や大阪も不足しますが、地方都市も足りなくなる、ということもシミュレーションから見えてきます。というのも、地方都市にはそもそも観光用のホテルが圧倒的に少なく、ビジネスマンが出張で宿泊するルートインや東横インなどのビジネスホテルが現状ではほとんどだからです。こうしたビジネスホテルに、外国人旅行客も宿泊しているというのが現実なのです。

代表的な例が、北海道旭川市です。旭川にはインバウンドが押し寄せ、２０１４年度は8万6200人が市内のホテルや旅館などに宿泊しました。国内の観光客は週末が中心なのに対し、インバウンドは平日も泊まるので、ビジネスホテルまで満杯になっているのです。とくに夏期は稼働率が90％を超えています。

このため、インバウンド需要に対応して旭川市では2015年から16年にかけて、JRインとホテルラッソ、ルートインの3棟のホテルがオープンしました。

旭川に来る外国人の多くは中国や台湾からの旅行客で、LCC（ロウ・コスト・キャリア＝格安航空会社）で旭川空港に直接乗り入れてきます。旭川はただのトランジット（一時的な立ち寄り）で、札幌に向かう人や層雲峡《そううんきょう》のような雄大な景色を見にいく人たちもいますが、かなりの人たちが旭川で宿泊して周辺を観光します。

旭川市内の代表的な観光スポットは旭山動物園ですが、旭川ラーメンを食べる人もいるし、冬期には雪遊びをする人たちも目立ちます。台湾や中国でも南のほうの人たちは雪を見たことのない人も多いため、積もった雪をバックに記念写真を撮るだけでも立派な観光になるのです。

その昔、私は旭川に、ばんえい競馬を見に行ったことがあります。ばんえい競馬は、馬に鉄ソリを曳《ひ》かせて坂のあるコースで競走するユニークな競馬です。この競馬はその後廃止になり、旭川の街もすっかり寂《さび》れていましたが、インバウンドを呼び込んだことで街全体が甦《よみがえ》ったのです。

そのもっとも大きな要因は、旭川空港にLCCを呼び入れたことです。この起死回生の施策が功を奏したのです。まず台湾の人たちがやって来て、後を追うように中国の人たちもやってくるようになりました。1日3便のうち1便が台湾からの便、2便が中国からの便です。

茨城空港にも、LCCでインバウンドがやって来ています。茨城空港は羽田、成田に次ぐ首都圏3番目の空港ですが、立地条件が悪いため、今まではあまり活用されてきませんでした。そこへインバウンドが急増したわけで、地元は沸き立っています。

しかし、せっかく茨城空港に降り立っても、ひとり500円で東京まで連れて行くバスが出ていて、みんなさっさと東京へ行ってしまいます。これでは地元にお金が落ちません。

そこで、どうしたらインバウンドに地元で観光をしてもらえるか、知恵を絞っているところです。知恵の絞り方によっては、ただ単に地元のホテルが活況を呈するだけでなく、インバウンドが地方創生の起爆剤になる可能性が見えてくるはずです。

2　2020年、インバウンド4千万人の衝撃

東京では、東京五輪が開催される2020年にホテルが1万室が不足するといわれてきましたが、16年3月現在ですでに1万室以上の建設・増築計画があります。ところが、政府目標が4千万人に倍増されるとは、誰も予測していませんでした。すでに紹介したみずほ総研の調査ではあと4千室足りないと推定されていますが、4千室増やしても不足する可能性が出ています。

私の試算では、インバウンドが1千万人増えると東京だけで約1万室の需要が出てくると思われます。この試算でいけば、あと2万室が必要になります。

日本国内ではかつては旅館のほうがホテルより部屋数が圧倒的に多かったのですが、2008年度に79万室で旅館とホテルは並び、ついに逆転しました。2014年度の統計を見ると、ホテルが9809軒、82万7211室で、旅館が4万3363

軒、73万5271室でした。

そのくらい、旅館の廃業が相次いでいるのです。オーナーが高齢化し、相続や事業承継の問題で旅館を手放すところが増えてきたのがその理由です。

個人経営に近い独立系のホテルについても、事情は同じです。事業承継ができずに廃業しているホテルがたくさんあるのです。

つまり、ホテル不足の解消を考える場合、すでにある旅館やホテルの急速な廃業も考慮に入れた上で、数を増やしていかないといけないわけです。

特に絶対数の少ない地方のホテルを考えるときには、需給バランスの問題が非常に重要になります。

たとえば、宮城県仙台市の場合、東日本大震災後、復興需要を見込んでホテルをたくさん作ろうと計画されました。その際に必ず言われたのが、復興需要がなくなったとき、ホテルの作り過ぎでキャパ・オーバーになるのではないか、という意見でした。

しかし、大震災から5年が経《た》ち、キャパ・オーバーの現象は起きていません。というのも、震災でヒビが入って取り壊したホテルがあったのに加え、主に高齢化でその街のホテルや旅館が廃業するのに伴う減少分を埋めなければならなかったからです。単にホテルの新設計画が多いことだけを理由に、ホテルの作り過ぎだという指摘は間違いだと思います。

ビジネスホテルのチェーン化も進んでおり、アパなどは地元資本のホテルを買収して冠を掛け替え、内部を改装してチェーンのホテルとして再スタートさせています。たとえば、京都市東山区の京都祇園ホテルもアパホテル〈京都祇園〉ＥＸＣＥＬＬＥＮＴになりました。

このように、ホテルのなかでも、新陳代謝というかスクラップ＆ビルドが活発に行なわれています。だから、ホテルの開発需要を議論する場合には、廃業するホテル・旅館の分も計算に入れて見ていく必要があるのです。

3　急がれる外国人旅行客対応

ホテルが足りなくなった最大の理由は、ＬＣＣの運航です。

ＬＣＣの就航によって、かなり幅の広いレンジの外国人旅行客が日本を訪れるようになったために、ホテル需要が急増したのです。さすがに外国から日本にやって来る旅行客は日帰りはしませんから、数だけでなく、いろいろなカテゴリーの宿泊施設が求められるようになりました。

また、日本人のなかには、いまだに「外国人旅行客は東京か大阪のどちらかにやって来て、東海道を行ったり来たりしているだけだ」と思っている人が多いようですが、これはかなり前の旅行スタイルです。今では、ＬＣＣに乗って地方都市に直接来る人が激増しているのです。

インバウンドの論議の折に、「３千万人なんて来られるわけがない」と断言していた評論家がいますが、彼の説は成田空港と関西空港のキャパだけを前提にした主張です。「飛行機の座席数が限られているのに3千万座席などとんでもない。完全なキャパ・オーバーだ」と言っていたわけです。

しかし、実際にはＬＣＣを利用して地方空港に降り立つようになると、３千万人が十分に可能となります。日本の空港は47都道府県に97もあるからです。こんなに狭い国土に、100近い空港がある国は世界中でもきわめて珍しいと思います。

実際に、2015年の空港・港湾別の外国人入国者数をみると成田・羽田・関空・中部国際の4空港を除く地方空港の割合は全体の4分の1を占めるほどになっています。

もっともLCCはコスト重視ですから、就航しても需要が伸びない路線は廃止になり、会社自体が採算が取れなくなると、スカイマークのように撤退を余儀なくされます。

だから、空港のある地域もただインバウンドを受け入れるだけではなくて、どうやって外国人旅行客を楽しませるか、知恵を絞らないといけません。

静岡県島田市と牧之原《まきのはら》市にまたがる富士山静岡空港の場合は、「まだ空港を作るのか」「無駄な空港は作るな」と、かなりひどくメディアに叩かれました。しかし、最近は中国人観光客でいっぱいです。富士山が間近で見られるだけでなく、東京にも大阪にも行ける。しかも、東名高速を使って富士山を見ながら、バスで安く行けるのです。

図表④

外国人入国者数
（空港別 2015 年）

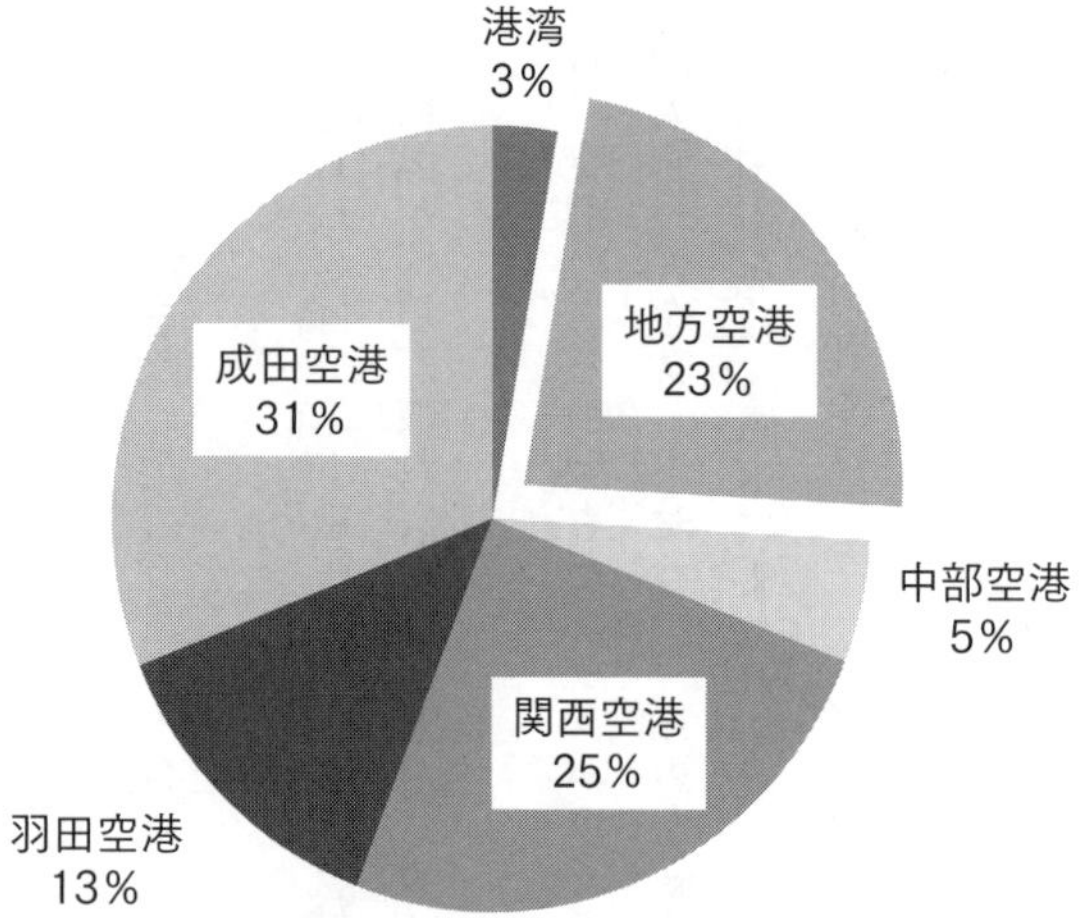

空港名	千人
港湾	572
地方空港	4,496
中部空港	1,009
関西空港	5,008
羽田空港	2,486
成田空港	6,118
計	19,688

私のクライアントに静岡県浜松市でホテルを経営している社長がいますが、バスに乗った外国人観光客には、浜松のホテルで一泊する人たちがいます。浜松にはヤマハやスズキ、河合楽器製作所、浜松ホトニクスなど大企業が数多くあり、ビジネスマンが頻繁に出張で訪れますが、稼働率がいきなり跳ね上がったので、「どうしたの？」と聞いたらインバウンドの効果ゆえでした。ただし、茨城空港の場合と同じように、観光客たちは夜に来て素泊まりをして朝には京都や大阪方面に出発してしまうので、地元にはお金が落ちません。

この間、私は同じ静岡県掛川市の嬬恋《つまごい》リゾートに行ってきたのですが、リゾートホテルに大量の中国人が泊まっていました。しかし、ここも浜松同様にトランジットで素泊まりして翌朝には出て行ってしまいます。

素泊まりだけにしても、ホテルにはすごいお金が落ちています。その一方で、地元の商店街にはほとんどお金が落ちていません。だから、空港に降り立ったお客さんたちをどうやって地元で観光させるかが課題になっているのです。

4　地方空港を空の駅に

関東1都6県には羽田と成田、茨城の3つしか空港がありませんが、一県に2つの空港があるところもあります。山形県には山形空港と庄内空港、石川県には小松空港と能登空港、山口県には山口宇部空港と岩国錦帯橋空港があります。しかし、LCCで潤っている空港とそうでない空港が二極化しています。

インバウンドを呼び込めていないところは、交通の便の悪さや観光資源のなさという要因もありますが、空港を管理している自治体や企業に営業としての感覚がないことも理由のひとつです。富士山静岡空港はすでに述べたように、東名高速で東京・大阪に出られ、富士山を眺望することができます。茨城空港は周辺にこれといったものがありませんが、東京までバスで2時間と交通アクセスはなかなかいいです。

この間も行った茨城空港は、小美玉《おみたま》市にあります。地元の人に「有名な農産物は何ですか」と聞いたら「ニラと卵だ」と言うので、冗談半分で「それじゃあ、ニラタマ市にしたほうがいい」とアドバイスしておきました。

政府は今、農産物の輸出を増やす政策を進めていますが、その輸出基地となっているのが羽田と成田、それに沖縄県の那覇空港です。この3つの空港に農産物を集めて輸出する計画を進めているのです。日本国内で栽培された野菜や果物は、香港《ホンコン》などで驚くほどの高値で売れます。

茨城空港を関東地方の野菜や果物を海外に輸出する物流基地にしたらどうかというのが私の考えで、私はこれを道の駅ならぬ「空の駅」と呼んでいます。農家の人たちが道の駅に運ぶのと同じように、軽トラックで美味しいイチゴなどの果物、野菜を空の駅に持っていくのです。そうしたら、自動的に通関して海外に輸出されるというわけです。

しかし、この構想の実現にはまだ多くの課題が待ち受けています。

というのも、茨城空港には貨物便が離発着していないからです。貨物便を呼び込むためには、新たに冷凍冷蔵設備のある倉庫を作らないといけません。CIQ（税関）や検疫の施設も必要です。また、空港を24時間化しないと貨物便は動きませんが、周辺の反対があります。

さらに、貨物便が飛ぶためには今の2700メートルの滑走路では足りず、3千メートル以上に拡張しなければなりません。滑走路の幅も少々足りないので、こちらも拡幅工事が必要です。

いっぽうで、野菜や果実を運ぶのであれば、旅客機の空きスペースでも十分なので、多大な投資をせずとも済む可能性があります。

課題は山積していますが、茨城空港だけでなく、地方空港は農産物や水産物を空輸する物流基地として活用することを検討すべきです。衰退の危機にある日本の農業にとっても、地方空港からの海外への輸出は起死回生の妙手《みようしゆ》になると思われるからです。

5　客室不足よりも心配な人手不足

ホテル業界で今、一番の問題が人手不足です。

ホテル産業は一見、煌《きら》びやかな世界に見えますが、実は3K職場です。24時間営業なので3交代で勤務しますが、拘束時間が長いのです。

また、お客さん相手の仕事でプレッシャーがかかります。フロントではお客さんからのクレームがしょっちゅうで、お客さんに怒られることも多々あります。最近の若い人たちは接客が苦手で、何かあると「心が折れた」などという表現をして辞めてしまう人が多くなっています。

そういうこともあって、若い世代がホテル業務にほとんど興味を示さず、人が集まらないのです。

しかも、ホテルの従業員の給料は、世の中の他の業種に比べて低い水準で推移してきました。だから、昔からなかなか優秀な人材が集まらない業界だったのです。女性のなかにはホテルの持つホスピタリティーに好感を持って、ホテル業界に就職する優秀な人材が見られましたが、男性は、どちらかといえば「ホテルにでも勤めるか」とか「ホテルにしか採用されなかった」という、「でも・しか」ホテルマンと思われるような人もいました。

以前は給与が低かった上に人手不足でしたが、ホテルの稼働率も低かったので、それなりに回っていたという側面があります。

ホテルが活況となって給与はずいぶんと上がりましたが、それでも上級クラスのビジネスホテルの総支配人で年収700万円程度です。国内の産業のなかでは、やはり低いレベルの給与体系であることに変わりはないので、今も従業員がなかなか集まりません。

少子化によって子どもが減り、就職を希望する大卒や高卒の人数が少なくなったことも、人手不足の背景にあります。特にホテルの場合は、24時間のハードな勤務形態である上に、けっしてきれいな仕事ではない側面もあって、人気がないのです。

最近大阪市内オープンしたあるホテルの場合、客室が300室近くあるので、オープン時にどうしても40人近いスタッフが必要だったのですが半分強しか集まらずに、見切り発車となりました。知りあいの支配人は「これでは回せないのではないかと思った」と嘆《なげ》いていました。

しかも、通常はスタート時点でのホテルの稼働率は40％程度で、徐々に認知度がアップするのに伴って稼働も上がっていくのですが、折からのホテル不足で、このホテルではオープン早々に稼働率が80％を超えてしまいました。このため、支配人は「途方に暮れた」と言っていました。

その後、30人を超えるところまで人手を確保しましたが、それでもまだ足りない状態が続いています。

ホテル業界では新入社員の獲得も大変ですが、辞める人や転職する人が多いのも特徴の一つ。ホテルから別のホテルへと転職する「ホテル渡り鳥」も多く、人材の確保がなかなか難しくなっています。

ホテル業界にとって、人手不足は大変な課題です。需要が増えても対応が追いつかないために、後述する民泊がいきおいクローズアップされているわけです。

部屋の清掃やシーツ交換などのリネン関係も人手不足です。リネンこそ3K職場の最たるもので、重労働のうえに秒単位でシーツを敷き替える早技《はやわざ》が求められます。そうしないと回らないぐらいのシフトでやっているのです。

これまで引き受けてきた女性たちが高齢化して引退した後、パートやアルバイトの時給を1千円以上に引き上げても、日本人は集まらないと言います。そうなると、中国人などを使わざるをえません。だから、最近はいいホテルでも清掃時間になると、あちこちから外国語が聞こえてきます。

クライアントである京都のホテルのアドバイザリーをしているとき、知り合いのリネン業者に電話をしたら、「牧野さん、ここだけの話だけど、もうあまり仕事を受けたくない。人を集められないから勘弁して」と悲鳴を上げていました。リネン関係の単価は上がっているのですが、人手が足りないのです。

ホテルは新設されていますが、サービスする人手が足りない。これはホテル業界に限りません。たとえば、バス業界も同じです。インバウンドの増加で観光バスも大活況ですが、運転手が足りません。

ホテル業界では、新築ホテル間での従業員の奪い合いが深刻な問題になっているのです。

第三章　ホテル建設ラッシュで、五輪後は大丈夫なのか

1　東京はホテル建設狂騒曲

建設ラッシュでホテルを作りすぎ、東京オリンピック後に大不況がやって来るのではないかという説が、ちらほら出ています。

結論から言うと、ホテルは立地さえ間違えなければまだまだ、いくら作っても大丈夫だというのが私の説です。

２０１６年4月の熊本地震のような災害や大事故が起きると、一時的にインバウンドが減るといった変動は当然ありますが、中長期のトレンドを見れば、２０２０年の4千万人もひとつの通過点であり、２０３０年に5千〜6千万人というところまでいっても不思議ではありません。

フランスは年間８３００万人、スペインが６５００万人、中国が５５００万人ですから、日本もまだまだ序の口と考えてよいと思っています。

そう推測する理由のひとつは、２０１５年の統計で日本に来ているインバウンドの84％がアジア諸国からの観光客だからです。アジアではまだ富裕層や中間所得層が増え続けています。これは日本に来るお客さんも必然的に増えていることを示しています。少子高齢化という日本の国内事情はほとんど気にしなくても、日本の近隣でお客さんは勝手に増加しているということです。

また、受け入れのキャパとしても、空港が97、港湾994もありますから、年間4千万人なら十分に受け入れられます。

東京でも、外国人旅行客が急増しています。

この動向も2020年のオリンピックまでだろうという主張が多いですが、すでに述べたようにオリンピックは今、開かれているわけではありません。インバウンドの激増は、オリンピックとはまったく無関係に起きている現象なのです。

また、東京はアジアの都市のなかでもきわめて治安も交通の便もよく、先進国の豊かな街というイメージが定着していますから、東京を訪れる外国人は今後ますます増えるだろうと予測されます。

ここ数年のホテルの新設計画を見ると、東京の東部エリア、いわゆる城東地区が中心になっていることが顕著に出ています。

ちなみに、外国人が住んでいるのは、皇居（旧江戸城）を挟んで反対側の城の北西地区です。豊島区大塚周辺や新宿区大久保、かつて柏木《かしわぎ》と呼ばれた北新宿などは、住民の4人に1人が外国人というアジア人の街になっています。

城東地区にホテルの新設計画が多いのは当たり前で、地図を見てもらえれば分かる通り、このエリアには観光客が行きたいスポットが全部そろっているからです。東京スカイツリーをはじめ、東京ディズニーリゾート、お台場、上野、浅草などです。

知り合いのホテル・オーナーに、地下鉄東西線沿いの葛西《かさい》駅近辺で2軒のビジネスホテルを経営している人がいます。20年以上も前にオープンしたホテルで、主に出張してきたビジネスマンを相手にしていましたが、古くなるにつれて競争力を失い、苦戦を強《し》いられていました。ところが、インバウンドの激増で大復活です。

なぜならば、江東区葛西近辺のエリアは上野、浅草、ディズニーリゾート、スカイツリー、お台場のちょうど真ん中にあるからです。観光スポットへのアクセスが容易なので、羽田や成田に降りたインバウンドがここにやって来るため、今やアジア人で満杯状態です。

城東地区は工場の跡地が多く、オフィスや倉庫をつぶしてホテルにするプランも立てられています。鉄道の駅に近いか、湾岸道路からアクセスのよい場所であれば、ホテルとして成り立ちます。

それと、インバウンドにとって魅力になるのは、近くにマツモトキヨシ（以下、マツキヨ）があるホテルです。

東西線沿線で、私がアドバイザリーをしている先が所有しているオフィスビルがあります。ここは、大通りから一本、道を入ったところにあるため、オフィスがなかなか埋まらないのです。「テナントが入らないのでどうしようか」と相談を受けたので、「ホテルにコンバージョン（業種転換）したらどうか」と提案しました。そのとき、「なんでですか」と社長が聞くので、東西線はアクセスのよい場所であることを説明しました。

私はもうひとつ気に入ったのがマツキヨです。ビルの向かい側にマツキヨがあるので、ホテルに泊まった中国人は、みな買い物に行くでしょう。

ドンキホーテ（以下、ドンキ）でもいいのですが、マツキヨとセット、あるいはドンキとセットでというのは、ホテルの進出の仕方としては十分に勝算ありです。できれば、1階にマツキヨがあり、2階にホテルのフロントというのがベストだと思います。

2　首都圏に攻め込む西日本系ビジネスホテル

東京はホテルの建設ラッシュで、銀座や京橋、日本橋など、あちこちでホテルの建設が進んでいます。

どういう会社が手がけているかというと、主力は電鉄系です。神奈川県の相模《さがみ》鉄道が展開する相鉄フレッサイン、京王電鉄の京王プレッソイン、京浜急行の京急EXインなどが関東勢です。

そこに殴り込みをかけてきたのが西日本勢です。JR西日本のヴィアインは品川区大井に500室余りの大規模なホテルを建設しました。JR九州のブラッサムは新宿駅に近い渋谷区代々木にできました。西鉄のソラリアは中央区銀座にも建てられています。

阪急阪神第一ホテルグループのレムも本格的に東京進出を果たし、秋葉原（千代田区神田佐久間町）と日比谷（千代田区有楽町）にホテルを作りました。レム日比谷は東京宝塚劇場のまん前で、観劇に来たファンの女性たちが泊まるようにセットされています。

鉄道会社はサービスの一環として沿線にホテルを作ってきました。東京だと、京王電鉄グループが京王プラザホテル、小田急が同じ小田急センチュリー、京浜急行は京急ホテルといったシティホテルを展開してきました。

しかし、主軸の鉄道事業は、沿線人口の減少や沿線住民の高齢化などの影響で収益が伸び悩んでいます。宿泊に特化したビジネスホテルは、鉄道事業同様に日銭が稼げる上に利益率が高いので、多くの鉄道会社がシティホテルとは別ブランドで参入しているのです。土地オーナーに対して鉄道会社の提示する条件は高いので、デベロッパー（開発業者）はとても敵《かな》わないというのが現状です。

ＪＲグループのなかでもＪＲ東日本は、自らのエリアを超えてホテルを出したりしない穏健派ですが、ＪＲ九州やＪＲ西日本は縄張りなどお構いなしでアグレッシブな提案をしており、仁義なき戦いになっています。

相模鉄道は、相鉄フレッサインを50棟建てる計画を進めています。鉄道事業では東京に乗り入れていないにもかかわらず、東京に積極的に進出しています。収益性が見込めることが理由の第一でしょうが、知名度を上げる目的もあるのでしょう。

相模鉄道は、大阪にもホテルを出しました。「大阪では無名の相模鉄道が大阪に進出して大丈夫か」と考える方もいると思いますが、大阪のホテルには、大阪の人が泊まるわけではありません。首都圏の人は相鉄に親しいイメージがありますから、大阪出張のときに相鉄フレッサインを使う可能性があるのです。

ホテルは送客機能が大事ですから、建てたらそこにお客さんを送るルートづけができていれば、どこに建てても構《かま》わないのです。

ちなみに、大きな宴会場を備えたような従来型の老舗《しにせ》ホテルは今、おしなべて建て替え時期を迎えています。客室はもちろん、宴会場などの照明や音響などの設備を最新のものにするのが目的です。赤坂プリンスホテルが2016年6月にリニューアル・オープンしたほか、ホテルオークラが建て替えに入っています。

3　京都・大阪は、まったくの用地難

今もっともホテルが足りないのが、京都と大阪です。

京都はそもそも、ホテルを建てるための土地がありません。たとえ土地が売りに出されたにしても、市内は高さ規制が厳しいためにホテルとしての規模を確保しづらく、ハードルが高いのです。

高さ規制はエリアによって4種類あり、最高でも30メートル余り、つまり8階建て以上が建たないように、かなり厳しい規制が作られています。だから、広い土地が手に入っても容積が足りず、採算が合わないのです。では、価格の高い高級ホテルにすれば採算が合うかというと、高級ホテルは設《しつら》えにお金がかかるので、これも難しいでしょう。それでも、果敢に参入するホテルが後を絶ちませんが、採算はあまりよくありません。常にホテル不足なので客室単価は上がりましたが、利回りが低すぎます。

大阪は市域が広いように感じますが、ホテルが立地可能なエリアはピンポイントで、キタ（梅田界隈）とミナミ（難波）、それに新大阪周辺に限られています。

他のエリアにもホテルがある場所はありますが、どこも弱いと言わざるをえません。大阪の御堂筋《みどうすじ》沿いでビジネス街の本町《ほんまち》辺りに、スターウッド・ホテルズ・アンド・リゾーツワールドのセントレジスができていますが、あまり採算はよくないと聞いています。

大阪は不思議な街で、なぜかホテルは繁華街と密着しているのです。出張族が多いので夜、遊びに行くところがないビジネス街ではダメなのです。

そうすると、キタとミナミで土地を探すことになりますが、このエリアである程度の広さのある土地はなかなか見つかりません。たとえ出てきても、べらぼうに高い物件が多いです。大阪にホテルを出したいというクライアントがいるので私も探してみましたが、なかなか見つからなかったことを覚えています。

ついでに触れますと、奈良は大阪、京都と違って観光には難しい土地です。最近は宿泊施設が増えましたが、奈良を観光する多くの観光客が京都に宿泊します。

難点のひとつは寺院などの名所旧跡が相互に離れすぎていて、歩いて回れないことです。また、遊ぶ場所や美味しい物を食べるところもあまりありません。夜8時になると周囲が真っ暗ですから、観光客にはちっとも楽しくないのです。

観光はかつて「いいものがあるから見ていきや」というところに基本がありましたが、インターネットでどこでも何でも映像で見られる時代を迎えて、これまでのコンセプトではダメなのです。その人がそこに来なければならない理由を作ってあげないと、観光客はわざわざやっては来ません。単品の商品とか単体の施設では人を呼べないので、それらを全部組み合わせて、ここに来なければ味わえないストーリーを演出したところが勝ちを取るのです。

そういうことで言えば申し訳ないのですが、奈良にはストーリーがないのです。

一方の京都はストーリーが豊かで、仕掛けが上手です。地方創生が叫ばれていますが、地方創生の鍵は仕掛けです。

私は釣りが趣味なのですが、釣りというのは釣り竿と仕掛けがあって、それに餌《え》を付けて垂らして魚を釣る行為です。多くの地方は、昔の仕掛けに昔の餌を付けているから釣れないのです。魚は学習して進化している。しかも最近は外来種もたくさん入って来た。だから、今の魚を釣り上げたければ、仕掛けと餌を工夫しなければなりません。

ホテルも同じです。お客さんに何度も来てもらうためには、「仕掛け」と「餌」がポイントになります。

4　我もやってみんとするなり～異業種の参入が相次ぐホテルビジネス

宿泊オンリーのビジネスホテルは、異業種が参入しやすいビジネスです。

すでに述べたように、かつてのホテルは宿泊と宴会（婚礼を含む）と料飲の3部門から成り立っていました。ところが、宿泊は他所《よそ》から来た人、宴会は地元の企業、料飲は地元の人のなかでも食事だけする人と、全部お客さんが違うのです。

そう考えると、ホテルは実はまったく違うカテゴリーのビジネスがひとつの館《やかた》に入っているという、不思議な業務体系なのです。

ホテルの仕事のうちでも宴会と料飲、なかでも婚礼はきわめて専門性の高いビジネスです。たとえば、レストランは街にあふれるほどありますから、よほど美味しい料理で評判を取らないとお客さんが来ません。閉店時間が早く、融通が利《き》かないホテルのレストランは競争を勝ち抜けないのです。

宴会担当の支配人の主たる仕事は、企業とのコネクションづくりです。地元の大手企業を回って、社長秘書と親しくなり、何月何日に人事異動があるといった情報を入手して企業の幹部を接待するのも重要な仕事です。

一方の宿泊は、インターネット時代を迎えて今やシステム産業ですから、専門性が要らず、参入障壁が低いのです。

にもかかわらず、これまでなぜ参入する人が少なかったかというと、お客さんの取り方に原因がありました。ＪＴＢや近畿日本ツーリストなどのエージェントが全部、予約を取り仕切っていたため、参入が難しかったのです。宿泊担当の支配人の仕事は、エージェントと仲良くなり、お客さんを回してもらうことだったからです。

しかし、ネット時代を迎えて、お客さんが直接、ネットで予約ができるようになり、エージェントが差配するしくみが崩れたのです。

ネットでお客さんが宿泊の予約を取るというのは、これこそがまさにシステムであり、システムさえ構築してしまえば、お客さんをどんどん取れます。そして、ホテルがやるべきことと言えば、部屋を作ってベッドを置き、お客さんを寝かせることですから、専門性が必要ないのです。

ネットでお客さんが予約を取る際にも楽天や「じゃらん」などのネット・エージェントがあります。ネット・エージェントを使うとやはりマージンを取られます。でも、最近はさらに進化して、お客さんが直接、ホテルのホームページにアクセスして予約を取るケースが増えてきました。ですから、ホテル側もホームページを充実させて、自社サイトから予約してもらう比率を高める努力をしているのです。

外国人旅行客もアゴダとかホテルズドットコムなど世界的なネット・エージェントを使って日本のホテルを予約しています。

ある意味で、ネット時代を迎えて今までの常識が崩れてしまったのです。システムさえ構築すればビジネスができるので、異業種系が参入してきているわけです。

電鉄の場合、特急電車や新幹線などの予約システムを持っているので、ホテルの予約システムと共通性が高く、参入が容易だと思います。

5　不動産業が続々参入表明

三井不動産のようなデベロッパーが参入しやすいのは、ホテルの業務が賃貸マンションのシステムと近く、事業のノウハウを活《い》かしやすいからです。

不動産業からの参入で注目されているのが、ザイマックスです。これは、本業がビル管理会社です。最近では発展が著しいＪＲ仙台駅の東口に新規ホテルをオープンしました。

ホテル数を次々と増やしているのが、ドーミーインです。もとは企業の社員寮や保養施設を管理していた共立メンテナンスが運営しています。全国57カ所に展開、大浴場があり、夜鳴きそばのサービスが好評です。

ブライダル系も最近、増えています。婚礼をすると田舎から親戚や知人・友人が来るので、セットで宿泊させるのです。ブライダル大手のテイクアンドギヴ・ニーズは２０１７年5月に東京・神宮前で『トランクホテル』というブランドでホテル進出することを発表しています。

サンケイビルは、「ホステル」と呼ばれる簡易宿所ＧＲＩＤＳ（グリッズ）を展開しています。後に詳述しますが、東神田や日本橋の古いビルをリーズナブルな価格で購入し、改装してベッドをズラリと並べ、一泊3千～4千円で泊めています。バックパッカーが集まるような宿ですが、大流行しています。

オフィスビルやマンションの開発・賃貸をしているヒューリックやNTT都市開発なども、新たにホテル業に参入してきました。

ヒューリックは、浅草の雷門《かみなりもん》に第一号の直営ホテルを出しました。雷門をもじってザ・ゲートホテルと言います。真正面にスカイツリーが見えるロケーションの良さが受けています。有楽町にも2018年10月に新規ホテルの開業を予定しています。

NTT都市開発は、賃貸ビジネスとしてホテル事業を積極的に推進しており、今後も新橋や京都、大阪USJ近くにも新規ホテルを続々とオープンさせることを発表しています。

6　外資系も注目、日本ホテルマーケット

外資系ホテルには、大きく分けて3回のブームがありました。

第一次ブームでは、ブランド貸しの形態を取っていました。新宿のハイアットリージェンシーやヒルトンなどです。外資系ホテルは名前を貸しているだけで、実際の経営は小田急など、日本の会社がやりました。マネジメント・コントラクト（MC契約）といって本国からは総支配人や経理部長を派遣するだけで、外資が損をしないしくみになっていました。

第一次ブームのときに外資系ホテルが一定の成功を収めたことは、外資系オペレーターに

「日本には十分マーケットがある」

との認識を浸透させました。

そして2005年から2007年くらいにかけて日本は長らく苦しんできた平成バブルの後遺症からようやく立ち直りを見せる時期、外資系ホテルの第二次ブームともいわれる動きがありました。

日比谷（千代田区有楽町）のザ・ペニンシュラや中央区日本橋のマンダリンオリエンタル、港区赤坂のザ・リッツカールトンなどが続々開業。

このとき世間を驚かせたのは、東京都心のど真ん中にそれぞれのホテルが開業したということでした。いずれも三菱地所や三井不動産といった大手デベロッパーが都心部で再開発した大型案件に進出、しかも、これまでの「看板貸し」の運営形態から、ホテル自らが建物オーナーから床を直接借り上げる「賃借」方式で進出したことは、外資系ホテルが日本マーケットに対して並々ならぬ関心を寄せていたことが窺《うかが》えました。

外資系ホテルが床を借りるということは、事業に対してのリスクを自らがとる、ということを意味していたのです。

さらに、2010年代に入ると、東京は東京五輪開催に向けて、再開発ラッシュとなりました。そこであらたに新顔としていくつかのホテルがオープンし始めました。いわば、第三次ブームといってよい様相です。

千代田区大手町のアマンとか、港区虎ノ門のアンダーズとか、品川のマリオットホテルなどで、森ビルや三菱が展開している東京都心の超一等地のオフィスビルの上層階で直営の高級ホテルを始め、成功をおさめています。

京都にも、ザ・リッツ・カールトンやフォーシーズンズなどの超高級外資系ホテルが誕生しています。外資系の高級ホテルは、これまでは外国人が主なお客さんでした。しかし、日本人でも海外で利用した経験があり、その良さや豪華さを知っている人が増えたので、京都でも高級外資系ホテルに泊まろうという日本人の需要が十分見込めるという判断も進出へのあと押しになっているのです。

大阪ではザ・リッツ・カールトンやセントレジスに続いて、2013年にはインターコンチネンタル大阪がオープンして話題となりました。

こうした高級外資系ホテル進出の動きが、地方にまで広がりつつあります。北海道のニセコ、神奈川県箱根、京都、沖縄など地方にも事業が展開されています。

アマンは京都や沖縄でも高級リゾートホテルを計画しています。三井が手がけた三重県伊勢志摩《いせしま》の合歓の郷《ねむさと》にも「アマネム」というアマン系列のホテルが出ました。

もっとも、外資系高級リゾートホテルのシェアは、ホテル全体の1%にも満たない程度です。しかし、日本でも、ホテルのカテゴリーや価格帯のレンジがどんどん広がっているのは事実です。

インバウンドでも今後、世界の富裕層が日本を訪れるようになるでしょうし、国内でも富裕層と呼ばれる人たちの数が急増することを背景として、日本のホテルマーケットは新たなステージに展開していくことが期待されているのです。

7　ホテルマンの地位

欧米では、ホテルの従業員の地位や待遇は日本とそれほど変わらず、あまり高くありませんが、ホテルの経営陣には日本とは違ってトップエリートが就《つ》いています。大学にホテル学という学問があるぐらいで、洗練された立派な職業としてホテル経営は認知されています。

たとえば、アメリカ・ニューヨーク州のコーネル大学ではホテル経営大学院があって、ＭＢＡ（経営学修士）を取得することができます。ここを修了した人は世界的に知られるホテル会社に就職し、高い報酬で処遇されています。

一方の日本は、ホテルを経営としてとらえるよりも「おもてなし」といった曖昧な感性で運営している経営者が多くを占めてきました。その背景には、鉄道会社や不動産会社などがサイドビジネスとしてホテル業を手がけていて、ホテル専業の会社が少なかったこともあるかもしれません。

日本でも立教大学に観光学部観光学科が、和歌山大学に観光学部観光経営学科が設立され、土台が整備されつつありますが、ホテル経営を理論立てて学べるところはきわめて少数です。

日本のホテル業界の場合、帝国ホテル、ホテル・オークラ、ホテル・ニューオータニの御三家が代表的なホテルで、ここではそれなりの教育研修がなされていたので、御三家の出身者が転出して他のホテルの支配人になるというようなヒエラルキーがあります。

ただ、両社の経営スタイルはまったく異なるため、他所《よそ》から支配人をスカウトするようなホテルでは、オータニ出身の支配人からオークラ出身の支配人に替わったりすると現場は大混乱、といった事態を招いたりしています。

ホテルではありませんが、ある銀行では合併をめぐって笑えない話があります。合併した一方の銀行は払い出しの手続きがブルー、入金がレッドと色付けされていました。ところが、もう一方の銀行では払い出しの色がレッド、入金がブルーだったため、合併して大混乱に陥ってしまいました。

それと似たようなことが、ホテル業界でも起こっているのです。

8 「うなぎ上り」のホテル賃料

ホテルはこれまで、ホテル会社が土地を購入して自社の建物を建ててホテルにするというのが定番でしたが、さまざまな業種が参入するようになると、建物を建ててホテル会社に貸すという大家さんスタイルが出てきました。建物オーナーとしてのホテル業です。

これまでは、自社の建物はオフィスビルや賃貸マンション、あるいは商業店舗として貸すスタイルがありましたが、新たにホテルに貸すというメニューが出てきたわけです。

オフィスやマンションは建物を建設してテナントを募集します。一定の入れ替わりがあるので空室が発生したり賃料が上下します。しかし、ホテルの場合には建物一棟全部をホテルオペレーターに対して貸すのです。しかも、ホテルはオフィスやマンションと違って、人を呼んで商売をするというオペレーションを伴うので、「オペレーショナルアセット」と呼ばれています。オペレーターの手腕しだいで収益が大きく変動する事業用不動産ということです。

そうすると、建物オーナーが自らの収益を極大化しようと考えたとき、オフィスをやるのか、賃貸マンションをするのか、デパートみたいな商業店舗なのか、ホテルに貸すのか、選択に迷うわけです。

この4つのメニューのなかで、ホテルは10年前まではもっとも収益性のない選択肢でした。ホテルは多数の従業員を雇わなければならないために、人件費などのコストがかかって儲からないからです。売り上げから経営コストを差し引いた営業利益のなかから賃料を出すのですが、営業利益があまり見込めないために賃料に回すお金が捻出できなかったのです。大家からみれば、ホテルは賃料負担力の弱いテナントというわけです。

私が三井不動産にいたときは、土地の有効活用についてずいぶん、提案をしましたが、当時ホテルという選択肢はめったにありませんでした。

　ところが、すでに述べたように、ホテルが宿泊に特化したシステム産業になって以後はがぜん、利益率のいい産業に変身したのです。レベニュー・マネジメントを採《と》り入れ、ネットによる集客システムの構築、ＡＴＭ（自動精算機）の導入などにより自動化を進めて人員を削減した結果、最少の人数で高収益を上げる業態へと生まれ変わりました。

　そのタイミングで、外国人旅行客が激増したため、ホテル不足が深刻化する一方で、宿泊料金がどんどん上がっていきました。お客さんが増えても、ある臨界点を超えるとコストはさほどかかりませんから、ホテルの営業利益がうなぎ上りに増えていったのです。

　営業利益のことをＧＯＰ（グロス・オペレーティング・プロフィット）と言いますが、このＧＯＰの水準がどんどん高くなり、ビジネスホテルの売り上げに対する利益の比率であるＧＯＰ率が50％を超えるホテルが珍しくなくなりました。

　私が三井ガーデンホテルに勤めていた２００２年ごろは、全国15のホテルのうちＧ

OP率50%を超えるホテルは、2ケ所しかありませんでした。つまり、GOP率50%超は非常に高収益であることを示す指標のひとつになっているのですが、その50%を超えるホテルが現在のマーケットでは、増えてきているのです。

GOP率50%ということは、売り上げの半分が利益ということです。つまり、賃料に回せるお金が潤沢になり、しかも稼働率が高くて儲かるので、新しいホテルを建てたいという建物オーナーにとっては追い風が吹く状況になりました。

9　建物をホテルにすると儲かる理由

考えてみると、オフィスやマンションは満室が難しく、常時、空室が出てしまいます。オフィスの場合、ある時点でテナントが埋まったとしても途中で退出するテナントが後を絶《た》ちません。マンションも季節の変わり目にどんどん入れ替わり、年間を通じて満室ということはありません。

ところが、ホテルの場合は、建物オーナーがホテルの運営会社に建物ごと貸しますから、空室率はゼロと同じです。ホテルの稼働率も関係ありません。空き室の発生リスクはないのです。建物オーナーが気をつけなければならないのは、ホテル会社のクレジット（信用）だけです。

したがって、ホテルの運営会社と20年契約を結んだら、クレジットがよい限り、確実に毎月、賃料が入ってくるわけです。ただし、賃料を固定してしまうとホテルの収益が大幅に増えても賃料が据え置かれることになるため、最近は固定賃料プラス変動賃料といったスタイルの賃料契約も増えています。

もちろん契約の途中でホテル会社が倒産するリスクがありますが、そこだけチェックしておけば、長期にわたる安定した資産運用になるわけです。だから、ホテルに貸したいという建物オーナーが増えているのです。

ホテルの一等地と言われている東京中央区の銀座や八重洲、京橋、日本橋などにホテルを建て、オペレーター（運営会社）を募集すると、坪あたり2万円台という価格が平気で出てくるようになりました。

私が三井ガーデンホテルに勤めていた２０００年代初頭は、銀座でも坪１万５千円が上限と言われましたから、ものすごい高値です。まさに、ホテルの賃料はうなぎ上りなのです。

一方、オフィスビルの場合、ある程度よい立地であればテナントの賃料は坪あたり単価は2万5千円程度になりますから、オフィスとしてテナントに貸す方が一見、儲かりそうに思われますが、実際にはどうでしょうか。

建物オーナーがビルをオフィスとして貸す場合、オフィスの専有部分だけを貸すので、廊下や共用トイレの部分などは賃料の対象外です。一方、ホテルの場合はビルごと貸しますから、客室に加えて廊下やフロント、エレベーターホール、レストラン、従業員通路も含めて建物フロア全体に対して賃料を得ることができます。だから、専有部分単価と全体単価では収入が違うわけです。

通常のオフィスではフロアのうち専有部分が75％程度になりますが、ホテルの場合、坪あたり2万円でもオフィスと異なりフロア全体に対しての単価となるので、これをオフィス賃料と同じ専有部分相当の賃料に換算すると次のようになります。

2万円×100％／75％＝2万6667円

つまり、同じ専有面積あたりで比べると、収入はホテルの方が多いということになるのです。しかも、常に空き室が出ないわけですから、建物オーナーたちがホテル貸しを希望するのは理にかなったことだと言えます。

ビジネスホテルの場合ですが、京都でも坪あたり単価が1万円～1万5千円です。大阪、名古屋、福岡、広島でもかつては7千～8千円だったのが、1万円を超えてくる時代になりました。

ですから、ひと昔前まで建物オーナーが建物を貸す4つのメニューの最下位だったホテルが、場所によっては今やトップに躍り出てきたわけです。

10 どこでも建設が可能な、ホテルという建物

東京の場合、ホテルの立地で人気があるのは、外国人観光客が好む浅草や上野、それから新幹線の停車駅で銀座、六本木やお台場など主な観光地に行きやすい品川などです。こういったエリアでホテルの開発案件が出てオペレーターを募集すると、絶対

にほしいというオペレーターが群がって壮絶な競争になります。

こうした案件はホテルの賃貸だけでなく、借地のケース、つまりオペレーターがオーナーから土地だけ借りて自分でホテルを建てて経営するケースもあり、こうしたケースでも現在は、信じられないぐらいの高値で商談が成立しています。

私が扱った物件では、銀座の外《はず》れで土地代が坪当たりで2500万円という事例がありました。

ここは容積率が600％、つまり土地面積に対して6倍の床面積の建物が建てられる場所ですから、1種当たりの坪単価にすると400万円強ということになります。1種当たり単価というのは、容積率100％あたりの単価のことです。

10年前までは、1種当たり坪単価が100万円以下でないとホテル経営は成り立たないと言われていました。今では、場所によっては坪250万円程度まで可能な時代になりましたが、ホテルの客室をどんなにうまくオペレーションしても、客室単価には限界があります。1種あたり坪単価で200万円を超えると、収支が厳しくなります。

銀座の事例は1種あたり坪単価で400万円を超えますから、限界値の倍以上の土地代で取り引きされていることになります。ということは、私などから見れば「客室単価を倍にでもするおつもりですか」と皮肉のひとつも言いたくなってくる程のクレージーな価格なのです。

いっぽうお客さんにとって、自分の泊まっているホテルの土地代が高いか安いかはまったく関係ありません。銀座であればお客さんは泊まってくれるのですから、土地代は安いほうがいいに決まっています。

だから、私は「大通りでなく裏路地に入れ」「四角い土地でなく変形地でいい」と言っています。

たとえば、L字型で両側の道に面した間口がそれぞれ8メートルの土地があったとしましょう。こんな土地ではビルもマンションも建たないので二束三文ですが、ビジネスホテルなら大丈夫です。

なぜなら、ビジネスホテルの場合、間口3メートル、奥行き5メートル、面積3×5＝15平方メートルあれば1部屋になるからです。この空間にベッドを置き、バスル

図表⑤　ホテル平面図

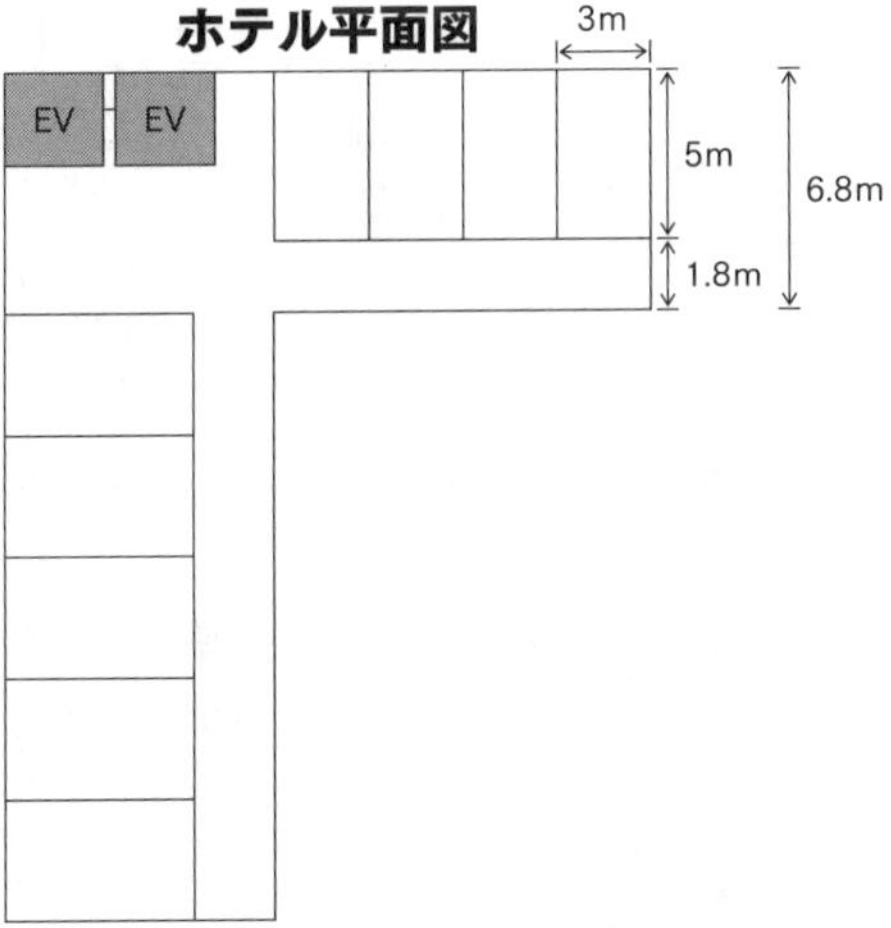

ームとトイレを作り、机と椅子を置いて一丁上がりです。だから、3×5のユニットを配置できる平面プランを描ければ、どんな形の建物でもホテルは成り立ちます。

廊下は、人が両手を伸ばした長さである1・6~1・8メートル、つまり人の身長ぐらいあればいいと言われています。この程度の幅があれば、スーツケースを運んだり、人とすれ違ったり、清掃用のワゴンを運んだりできます。

となると、部屋の奥行き5メートル+廊下1・8メートルで建物の幅が7メートルあれば、ホテルは成り立つということです。あとは、部屋をいくつ並べて、どこに

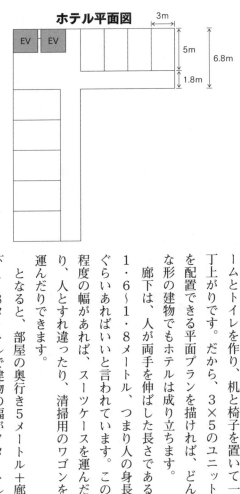

エレベーターホールを作るか、配置を考えればいいだけです。

ところが、オフィスの場合、専有部分の奥行きが12メートルぐらいないと無理です。マンションの場合も、最低でも間口5メートル、奥行き10メートル、面積が5×10で50平方メートルないと成り立ちません。

ちなみに間口6メートル、奥行き12メートル、面積72平方メートルで、リビングと和室、キッチンがあり、お風呂とトイレが備え付けられているのが、典型的な3LDKのファミリーマンションです。

極端な例を出しましたが、たとえばL字型で間口8メートルの土地を安値で買ってホテルにすれば、全体の事業コストを安くすることができます。アパや住友不動産のヴィラ・フォンテーヌもこうした安い土地を積極的に取得しています。

ちなみに、ホテルを建てるときに頭を悩ませるのが、正方形の土地です。部屋を割り付ける際、ムダになる部分が多くなるからです。それで、見たことがあると思いますが、真ん中を吹き抜けにして周りに廊下を作ったりしています。吹き抜けにするのは、床にしてしまうと容積にカウントされてしまうからです。

窓がない部屋は法律上は可能ですが、お客さんが嫌うので営業上の理由から客室は窓が必ずあるように割り付けをします。そのため、オフィスとして好まれる正方形の土地は、ホテルにとってはあまり嬉しい土地とは言えないのです。

ホテルの基本は廊下を挟んで両側に部屋が並び、廊下の反対側に窓がある「三枚下ろし」の構造です。この割り付けならば、ムダなスペースがなくてベストです。

ホテル事業のなかでは土地代の負担が非常に大きいので、私はビジネスホテルをやりたいという企業やオーナーに「大通り沿いでなく、裏路地でいい」「四角い土地でなく、変形地でいい」と言っているのにはこうしたカラクリがあるからなのです。

また、お客さんはネットで予約し、スマホのナビタイムなどに誘導されて来ますから、看板が目立たなくても全く問題ありません。下手《へた》をすれば、看板がなくても、今のお客さんは正確に迷うことなくホテルにやってくる世の中なのです。

11　新しい宿泊形態「ホステル」の勝算

最近、注目を集めているのがホステルです。オフィスビルを廃業して、ホステルに業態転換するビルが出てきました。

ホテルが大活況となっている一方で、老朽化した中小オフィスビルにテナントが入らないことから、ホステルは不動産の新たな活用方法として注目されています。

ホステルはビルのフロアにある壁を取り払い、二段ベッドを並べてカーテン等で仕切られただけのもので、カプセルホテルとは違ったタイプの簡易宿所です。一泊3千〜4千円と料金が安いのが特徴で、バックパッカーなどの人気を集めています。男女一緒が基本ですが、女性だけのフロアもあります。

共用のラウンジがあり、宿泊客がネットを見ながら情報交換をしたり談笑したりします。ちょっとしたキッチンが備えてあり、お湯を沸《わ》かしてカップ麺を食べたりすることができます。ホステルによっては、レストランやお洒落《しやれ》なバーが併設されているところもあります。また、部屋の一角に共同シャワーがあり、貴重品は鍵をかけられるロッカーに入れられます。トイレは、男女別に分かれています。

簡易宿所はホテルや旅館に比べて認可を取る条件が緩《ゆる》く、参入が非常にしやすくなっています。このため、不動産のオーナーや不動産業者が続々と参入しています。テナントが入らないビルなどを、どんどんホステルに改装しているのです。

もちろん新築するケースもありますが、既存のオフィスビルを改装するケースが多いです。というのも、フロアがあればベッドを並べるだけで、間仕切りも要らないからです。また、あらたに建物を建設したのではコストがかかりすぎ、廉価な宿泊料金で運営するホステルという業態では採算がとりにくいのです。

ホステルはもともとヨーロッパやアメリカで流行したスタイルの宿屋で、日本にも上陸してきたものです。京都で大流行し、東京や大阪でも増えてきました。

ディズニーリゾートが3年連続して値上げをしたため、ディズニーでお金を使うために宿代を節約しようという若者たちもホステルを利用しています。

12　変わるホテル業界のヒエラルキー

ここで、ホテル業界のヒエラルキーがどうなっているのか、外観しておきたいと思います。

ピラミッドの一番上に君臨してきたのが御三家です。帝国ホテル、ホテル・オークラ、ホテル・ニューオータニです。

その下に中クラスのシティホテルがあったのですが、外資系が進出してきたために御三家の上に入り込んでいます。香港のザ・ペニンシュラやマンダリン、アメリカのザ・リッツ・カールトンなどです。

中クラスのシティホテルの下にビジネスホテルがあり、その下にいわゆるB＆B（ベッド・アンド・ブレックファスト）と呼ばれるバジェットホテル、さらにその下にカプセルホテルなどの簡易宿所があります。

乱戦模様になっているのが、「ミドル」と言われる層をお客さんにしているビジネスホテルです。

アッパーミドルを狙っているのが、三井ガーデンホテルや三菱地所グループのロイヤルパークなどです。1泊1万〜1万5千円ぐらいのクラスです。

ロワーミドルを相手にしているのが、「バジェットタイプ」と呼ばれるビジネスホテルです。1室の面積が10〜13平方メートルで、宿泊に特化した低価格のタイプです。代表的なホテルは、ルートインや東横インなどです。アパも入れてよいですが、

図表⑥　　　　ホテルピラミッド図

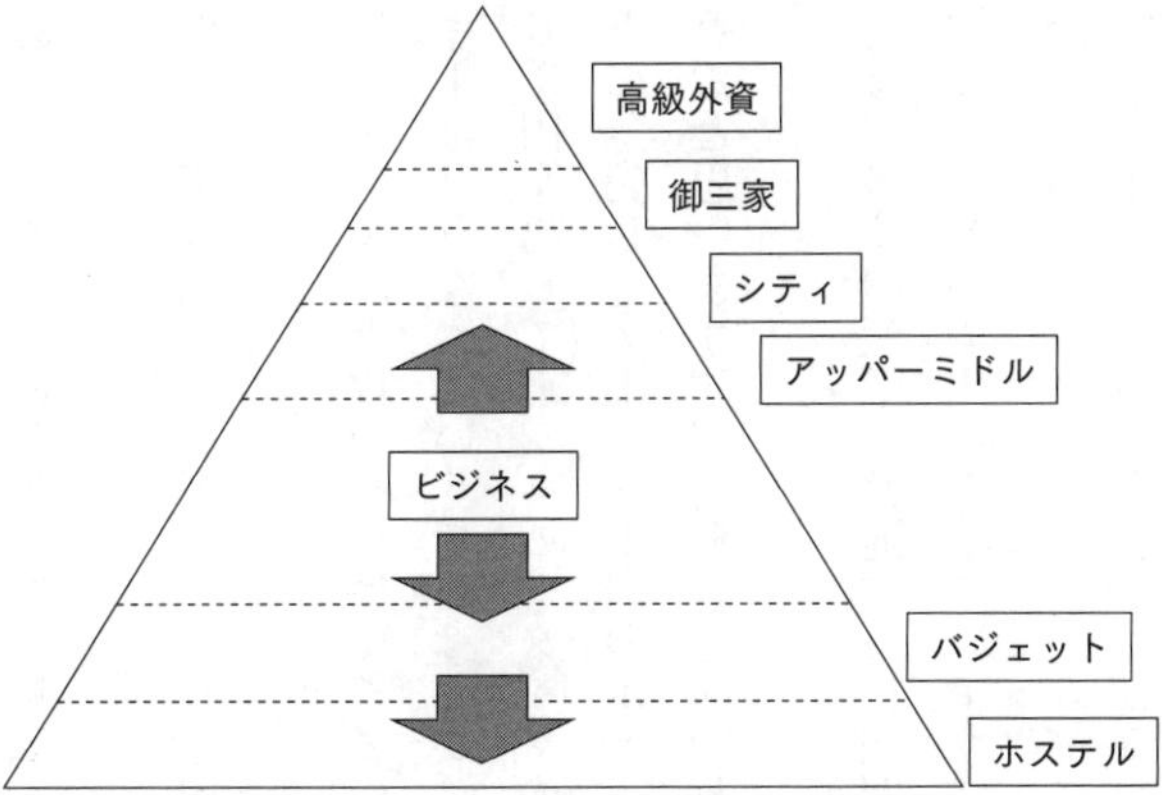

アパはシステム産業化を進め、ミドル全体のお客さんを幅広く集めようとチェーン展開しています。

このバジェットタイプが現在、絶好調で、従来5千〜6千円だった価格が7千〜8千円に跳ね上がっています。

このピラミッドの一番下にホステルが大攻勢をかけてきているわけですが、ホステルの参入によってヒエラルキーはどうなっていくでしょうか。

これからは、従来5千〜6千円を出してバジェットタイプのビジネスホテルに泊まっていたロワーミドルが上下に分裂し、7千〜8千円のホテルに泊まる人たちとホステルに泊まる人たちに分かれると思います。宿泊料金を節約したい人は、ホステルのほうに動くのです。

実は売上高と利益率の間には、多くの産業に共通する相関関係があります。売り上げを横軸、利益率を縦軸に取ると、V字カーブを描くのです。この法則は、ホテル産業にも当てはまると私は考えています。

つまり、規模の大きな会社は当然、高い利益率を上げることができます。その一方

図表⑦　売上高と利益率の関係（イメージ）

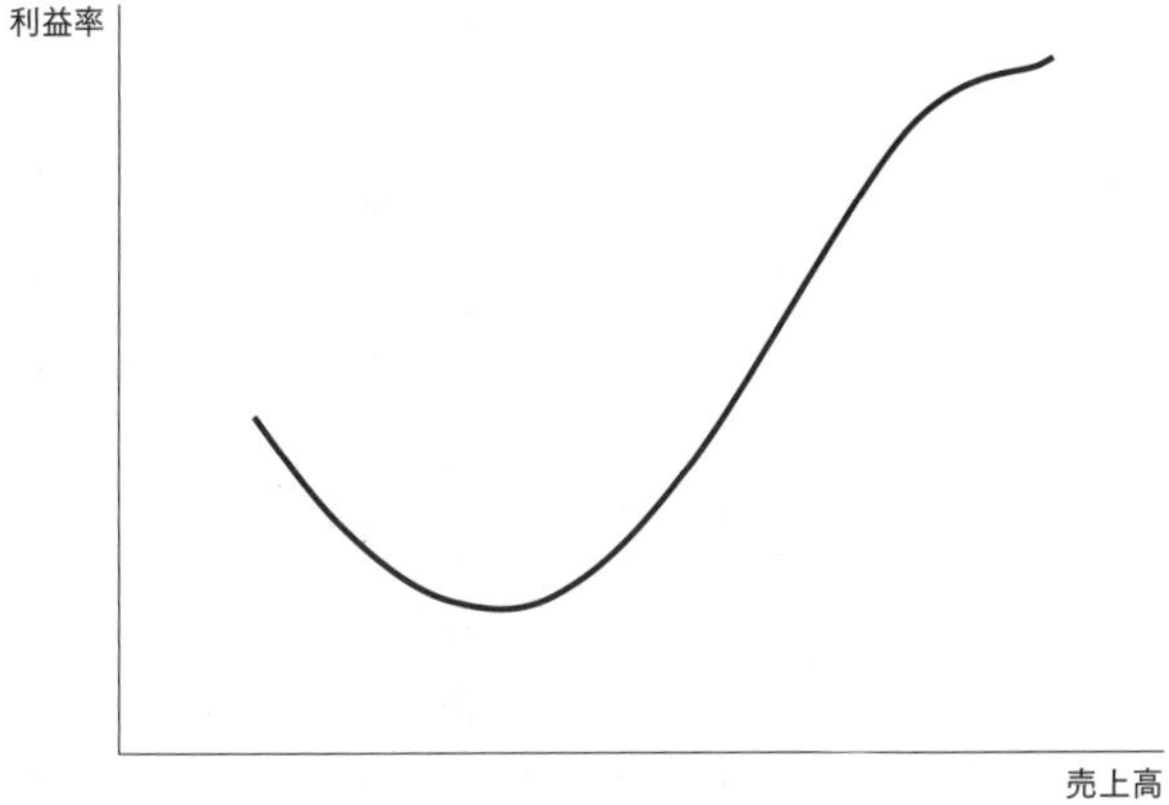

で、規模の小さい会社でも高い利益率を上げられることを示していて、まさにホステルがその典型的なケースなのです。

問題は、中くらいの規模の会社です。このクラスの会社は中途半端な中間地帯に位置していて、利益率がもっとも低いのです。バジェットタイプのビジネスホテルがここに含まれます。

ですから、この法則に従うと、バジェットタイプのビジネスホテルは今後廃《すた》れていく可能性があります。

その理由のひとつは、人口減少に伴い、ビジネスマンも少なくなることです。

それから、社会の二極化です。お金を持

っている人はより贅沢になり、上へとシフトしていきます。一方、金回りが厳しい人たちは節約志向が強まり、下へとシフトしていきます。外国人のバックパッカーだけでなく、家族旅行でも節約したい人たちはホステルなどに泊まるようになると思います。

だから、値上げをできない5千〜6千円の価格帯のビジネスホテルは、ホステルとの競争になり、価格を下げざるを得なくなります。

この消耗戦を始めると、ホステルのほうが圧倒的に強くなります。なぜなら、ホテルの場合、部屋ごとにバスルームやトイレを設けているのに対して、ホステルはベッドを並べただけで、シャワーやトイレは共用で済むので、経営効率が圧倒的に高いからです。そういうわけで、ビジネスホテルはホステルとの競争に敗れていくことになるでしょう。

これからは、ホステルが大流行《おおはや》りだと思います。

13　五輪の後の不安は本当か？

２０２０年の東京オリンピックの開催に向けて、ホテル需要は大変な盛り上がりで、ホテルの新設計画も次々に実施に移されています。しかし、東京オリンピックが終わったらインバウンドが来なくなると指摘する評論家がいますが、先にも述べたように、この見方は間違いです。

なぜなら、オリンピックが開催されていないのにインバウンドが押し寄せていることから見ても、外国人旅行客はオリンピックのために来ているのではないことが明らかだからです。

インバウンドが日本に何を求めて来ているかというと、日本の豊かな自然であり、文化であり、歴史であり、食事です。それから、目的ではありませんが、安全・安心も大きな要素になっています。実は、日本はアジアのなかで、これらの要素がバランスよく整った稀有《けう》な国なのです。

中国の人に聞くと、海や山をまともに見たことがないと言います。実際に中国を旅行してみると、ひたすら平原が広がって単調な風景が続いています。また、上海《シャンハイ》に出張しても揚子江《ようすこう》は見られますが、海が見られるわけではありません。

ところが、日本は島国で、山岳国で、列島をぐるっと巡る海道も約3万3千キロあります。ですから、どこに行っても海と山があり、温泉もあります。これほど四季のはっきりしている国は珍しく、北は北海道から南は沖縄まで、いろいろな緯度の自然と季節を堪能することができるのです。

また、日本料理には天ぷらがあり、寿司があり、焼き肉がありと、バラエティ豊かですし、イタリアンもフレンチも中華料理も、そして何よりも果実やスイーツまでが美味しい。こんなに食事の美味しい国はなかなかありません。たぶん世界一だと思います。

ですから、観光の要《かなめ》としては、日本はアジア諸国のなかでかなり優位な位置にあります。観光の要素を備えているという意味では香港や上海、北京《ペキン》、ソウルなども太《た》刀《ち》打《う》ちできないと思います。

しかし、2014年の年間の外国人観光客数は1341万人で、順位は世界22位に留《とど》まり、日本はまだまだインバウンド後進国と言えます。

島国だから仕方がないと言う人もいます。たしかに、フランスやスペインを訪れる観光客の多くは、国境を越えて陸路でやって来ています。では、イギリスが日本と同じようにダメかといったら、そんなことはありません。２０１４年でイギリスは３２６１万人ものインバウンドを迎えています。

日本には97の空港があり、ＬＣＣが直接、国内の地方空港に乗り入れるようになりましたが、海外からの旅行客を受け入れるゲートはいくらでもあります。しかも、空港と各都市を結ぶ鉄道や道路は整備されています。

また、２０１５年にクルーズ客船に乗って日本に来た外国人旅行客は、１０６の港で１１１万６千人に上《のぼ》りました。前年比２・７倍という急増ぶりで、２０２０年に１００万人という目標を5年前倒しで達成してしまいました。寄港回数がもっとも多かったのは博多港で、ついで長崎、那覇、石垣、横浜の順でした。

国土交通省ではクルーズ船での訪日客数を２０２０年には年間で５００万人にするという意欲的な目標を掲げるに至っています。

日本は島国だから閉鎖的で、外国人旅行客があまり来ないと主張する傾向にありますが、実際にはあまり関係ないかもしれません。

アジアのなかでの日本のポジションがこれだけいいわけですから、「オリンピックという宴《うたげ》の後、日本のインバウンドは本当に大丈夫か」といった指摘は杞憂になりそうです。

政府が2020年のインバウンドの目標を4千万人に倍増しましたが、この目標は十分に可能だと思いますし、その後も5千万人、6千万人と増えていくシナリオは何らおかしなものではないと考えています。

14 「おらがホテル」廃業も追い風に

オリンピックに関連して「ホテルを作りすぎだ」と指摘する人が、たくさんいます。東京だけでも1万室も増加するので、オリンピックが終わった後は大不況が来るというステレオタイプな意見が出されています。

その理由は、ホテル業界のなかでは現在、新陳代謝がどんどん起こっていると考えているからです。

「おらがホテル」、つまり独立系のホテルはオフィスビルと同様に、建物の老朽化とオーナーの高齢化という現象に直面し、相続や事業承継が喫緊の課題になっています。そういうなかで、事業承継を断念し、廃業するホテルが今後相当数、出てくるとみています。

ホテルはこれまであまり儲かっていませんでしたから、「おらがホテル」では意外に借入金過多で建て替えるだけの費用を捻出できないところも多いのです。

ということは、ホテルが続々と新設される一方で、廃業するホテルも相次ぐため、結果的にホテル業界の構造変化のなかで新陳代謝が行なわれることになります。

客室が極端に増えることによって需給バランスが崩れるかというと、需要が伸びることはすでに述べた通りです。一方、供給サイドは入れ替えがどんどん進むわけですから、新築ラッシュの影響はさほど大きくないと思われます。

15　ホテル活況の最大のリスクとは

インバウンドの激増に後押しされた今のホテルの大活況について、最大のリスクというのはテロと疫病、それに天災の3つです。

フランスやトルコなどで頻発しているテロ事件は、日本にとってもけっして対岸の火事ではなくなってきています。これだけ国際交流が進むと、疫病についても日本だけ免《まぬが》れようと思っても無理です。

2011年3月の東日本大震災に続いて、2016年4月には熊本地震が発生し、日本が災害の頻発する火山国であることを改めて思い知らされました。

この3つのうち、ひとつでも起こると一時的に外国人旅行客が来なくなるというリスクが常につきまとっていることを、忘れてはなりません。

ただ、インバウンドが一時的に来なくなるリスクはあるのですが、中長期的に見ると外国人旅行客が増加する傾向にあることには変化がないと思っています。

熊本地震の場合、たしかに一時的にインバウンドが止まりましたが、長くても半年で再び増加傾向に転じると見ています。なぜなら、今回の地震でひどい被害を受けたのは益城《ましき》町や南阿蘇《みなみあそ》村などに限られ、熊本や福岡などのホテルは被害を受けつつも営業を続けられる状態になっているからです。被災地の一刻も早い復興を願う中で、インフラの復旧が進むにつれて、インバウンドは着実に戻って来ると思います。

むしろ、私が危惧しているのは別の問題です。外国人旅行客が年間2千万人訪れるようになり、街で外国人を見るのが当たり前になりましたが、これが4千万人になると完全な日常の光景となります。

日本の良さを理解してファンになってくれる外国人が増えることはとてもうれしいことですが、その延長線上に日本に住もうという人がたくさん出てきます。中国人をはじめ、タイ人やマレーシア人などの東南アジア人も増えてくることが予想されます。

合法的に移住してくる人だけでなく、不法に入国してくる人も入り混じり、おそらく空き家を借りる人も多くなると推測されます。完全にマーケットアウトした空き家のオーナーからすれば、貸借人としてまたとない救いの神ですから外国人に空き家を貸すでしょう。

住みついた外国人が就労しやすいのが、農業と建設業そして飲食などのサービス業です。どこもまったく人手が足りていないため、背に腹は代えられず、不法入国者も含めて雇《やと》うことになるでしょう。このように働きながら生活を始めると何が起こるかというと、子どもがどんどん生まれてくるということになります。

そうなると、この子どもや家族の面倒をどうするのかが社会問題となります。おそらく篤志《とくし》家のような人たちが出てきて、空き家で寺子屋を開いて教育しようなどと言い出します。それはそれで志《こころざし》の高い行為ですが、結果的に不法移民が増えることになるでしょう。

日本人の昔からの悪い癖として、自分で決断できず、現象として引き起こされると「仕方がないね」と受け入れる傾向があります。また、移民たちは稼いだ金を本国に送金しますが、その一方で毎日の暮らしに必要な食料品や日用品だけでなく、テレビや洗濯機、携帯電話も買うでしょう。こうした消費は、意外に日本経済にプラスの影響を及ぼします。

そうした事情から、当初は「不法移民を送還せよ」と主張していた人たちも、おそらく移民を追認せざるをえないことになると思います。こうやって、合法・不法合わせた外国人の移民が増えていくと思われます。

これまで日本でなかなかテロが起きない最大の理由は、外国人そのものの数が少なかったために彼らの存在が周囲から認識されやすかったということでしたが、外国人が普通に隣りにいる国になった途端に、パリのようなテロが起こるリスクが一気に高まるでしょう。

日本の少子高齢化も、移民の増加を後押しする要因として働きます。ドイツでは国の政策としてトルコからの移民であるガスト・アルバイター（外国人労働者）を低賃金で雇って、経済成長を遂《と》げてきましたが、同じようなことが日本でも起きるかもしれないということです。

日本政府はおそらくドイツのようにきちんとした制度を打ち出すことができず、「なってしまったのだから仕方ない」と、なし崩し的に移民を受け入れていくのではないかと予測しているところです。

第四章　溢《あふ》れる訪日外国人旅行客の受け皿が、民泊

1　世界を席巻するエアビーの上陸

ビジネスホテルやホステルまで含めてもホテル不足が解消できないため、注目されているのが民泊です。

民泊は、普通の民家が旅行客らに空き部屋を貸して宿泊させるものです。普通の民家なので、旅行客がホテルのように緊張せずに気兼ねなく使うことができ、家主とのコミュニケーションも取れる民泊ならではの良さがあります。その代表であるＡｉｒｂｎｂは「誰でも気楽にお部屋貸し」をするアメリカ生まれの宿泊システムです。

知り合いの日本人ビジネスマンも、ニューヨークに出張するときにエアビーを使っています。普通の民家の持ち主から鍵をもらって部屋を使わせてもらい、宿泊するのですが、「とても快適。むしろ部屋が広くて、使いやすくていいよ」と、話していました。

エアビーに登録されている受け入れ民家の数は２０１６年６月現在、１９１ヵ国で２００万件に上っています。すでにシステムとして日本に上陸してきており、２０１

5年には世間的にも大変な話題になりました。日本国内の民家の登録数は、約3万5千件、15年の利用者は前年に比べて5倍超の130万人で、ものすごい数に膨れ上がっています。

たとえば、子どもが独立して出て行った部屋を使っていないから貸したいと思ったとき、エアビーのサイトをパソコンの画面に開いて登録すればよいのです。

まず、自分の住所を入力します。次に、「部屋はどれくらいの広さか」と聞かれるので、部屋の大きさを入力します。さらに、「宿泊料金をいくらにしますか」と出てくるので、5千円とか、6千円とか自分で決めた価格を入力します。適宜、部屋の写真などもアップできます。

こうして登録すると、「○○県△△市の牧野知弘さんの自宅から部屋が提供されました。一泊5千円です」という内容がエアビーのサイトに載ります。

そこに申し込みが来ると、たとえば2週間後にオーストラリア人の旅行客が「ハロー」と言って泊まりに来るのです。そのお客さんから宿代の5千円がもらえます。エアビーに支払う手数料は3％ですから、150円を支払えばOKです。

お客さんを泊める際のルールなどは一切ありません。だから、「宿泊のフリーマーケット」と呼ばれています。

価格も自分で決めますが、高いと誰も申し込みません。ホテル不足の今なら、場所が良ければ1万円から1万5千円で貸せるので、儲かります。だから、空《あ》いている部屋を貸して小遣い稼ぎをしようというので、日本でも急速に広がったのです。

2 旅館業法との兼ね合い

日本には旅館業法という法律があり、ホテルや旅館はこの法律の規制を受けています。ホテルや旅館として登録することをはじめ、宿泊客の確認、フロント、俗に言う帳場《ちょうば》の設置、客室の大きさや数などがこと細かに決められています。また、火災等の災害時における避難経路を明示することや、スプリンクラーや消火器など消火設備の設置が義務付けられています。

旅館業法では、部屋貸しの規制もしています。部屋貸しで一番多いのが、いわゆる学生さんの下宿ですが、いわばお目こぼしのような形で、こういった下宿は取り締まられていません。法による規制もなく、届け出も必要ありません。

私が大学生のころは、まだ下宿で生活する同級生がいましたが、今は大幅に減り、賄《まかな》い付きはほとんどないと思います。

空いている部屋を友だちに貸したり、賄い付きで学生に部屋を貸したりするぐらいは大目に見ようというのが、これまでの法律の考え方でした。

しかし、複数のお客さんに繰り返し部屋を貸すのは、明らかに旅館業と重なってきますから、当然ですが旅館業法との兼ね合いが大きな問題になっているのです。法律で定められている設備を備え、規定を守ればいいのですが、対応しなければ旅館業法違反になるわけです。

日本でも、民泊は儲かる、という認識が浸透してくるに従って個人でいわば「業《なりわい》」として繰り返し民泊を行なうケースも目立つようになりました。

これまでのところ、個人で民泊を「業」として繰り返し行なって摘発された事例はありませんが、いくら儲かるからといってあまり周囲に自慢しないほうがよいです。

近所や友達にならまだしも、テレビや雑誌などで吹聴すると、「旅館業法違反」として警察にしょっぴかれる恐れもあるからです。

またエアビーが評判になったことから、所有しているワンルームの賃貸マンションに店子《たなこ》が入らず、空き室になっているオーナーが食指《しょくし》を伸ばしました。エアビーに登録して1日1万円で貸せば、月に20日間埋まれば20万円の収入になります。住居として貸すよりも儲かります。それで、ネットで広がり、こうした案件が続出しました。

不動産業者は利に賢《さと》いので、この動きを見て、普通の賃貸マンションよりも利回りが高いといって、民泊専用マンションを開発して分譲する企画まで出てきています。エアビーによる民泊は、旅行客にとっても気軽で魅力的ですし、民家や賃貸マンションの所有者にとっても小遣い稼ぎに絶好のため、ウィン・ウィンの関係にあるのです。

また、空き家が激増するなかで、空き家の再活用法としても耳目《じもく》を集めたのです。

3　マンション管理問題を引き起こした民泊

ところが部屋貸しによる民泊で問題になったのが、マンションです。マンションは一軒家と違って、たくさんの入居者が同じ建物に住んでいるわけですから、マンションの管理上いろいろな問題が出て来てしまったのです。

とりわけ顕著に出たのが、タワーマンションでした。以前からトラブルは起きていましたが、メディアなどで取り上げられ、社会問題として表面化したのは2015年ぐらいからです。

タワーマンションのなかには、外国人も多数、入居している物件があります。そのタワーマンションで、中国人がエアビーを利用して自分の購入した部屋を、同胞の中国人に繰り返し貸して稼ぐ民泊を業《なりわい》とする人が激増してしまったのです。

また、大きなマンションには共用部にゲストルームがあり、田舎の父母や親戚が上京したときに泊まれるようになっていますが、なかには、このゲストルームを自分の名で長期間にわたって借り受け、エアビーで旅行客に転貸して稼ぐ猛者《もさ》まで現われました。

私の会社のスタッフは都内の賃貸マンションに住んでいるのですが、パソコンでエアビーを検索していたら、何と自分のマンションの部屋が民泊に貸し出されているのを見つけてしまいました。「あっ、これ、うちのマンションだわ」「どうりで最近廊下でよく外国人を見ました」と言っていましたが、笑いごとでは済まされません。

ある日、友人のひとりからメールと写真が送られてきました。

彼は東京湾岸のタワーマンションに住んでいるのですが、隣りの部屋の前に毎朝、違う色のスーツケースが複数並んでいるというのです。民泊に利用しているのではないかと彼は疑っていて、その証拠写真を送って来たのです。

彼が物件を探しているとき、私は「タワーマンションにはこういうリスクがあるから、買わないほうがいいですよ」とアドバイスをしたのですが、そのタワマンが気に入ってしまって購入したのです。そうしたら、案の定、半年ほど経ってから隣りの部屋が怪《あや》しいというわけです。

「毎朝、廊下にスーツケースが並んでいて、しかも日によって色が違う。妻が嫌がって『出よう』と言っているが、どうしたものか」と、メールして来たのです。

こうしたことが、あちこちのタワーマンションで起きています。マンションオーナーから見ればたとえば、一泊8千円で5人を泊めたら4万円の収入になりますから、普通に賃貸するよりもはるかに収益性が高いわけです。

宿泊した外国人は、ゴミ出しなど入居者の共通ルールがわかりません。ゴミを平気で廊下に放り出すわ、夜中まで大騒ぎはするわ、お客さんどうしで喧嘩になるわで、クレームが続出して管理組合が対応に追われたのです。

民泊など一切想定していなかったので、マンションの管理規約には民泊に関する規定がありません。それで、管理規約を見直さなければなりませんが、修正には組合員の4分の3の賛成が必要なのです。

ところが、外国人オーナーが半数近くもいるタワーマンションもあり、外国人にも組合に参加してもらわなくては決議は取れないわ、決議を取るにも4分の3の確保は難しいわで、問題の解決は行き詰まってしまいました。管理組合の理事長は組合員に突き上げられますが、なす術《すべ》もなく、お手上げ状態です。民泊に対するアレルギーが広がっているのです。

このため、住友不動産では管理規約にあらかじめ「民泊禁止」を盛り込んだマンションを販売しているほか、他社の分譲マンションでも、対価を得て宿泊施設として使用することを禁止する旨を管理規約に明記することで、民泊に使えないようにする動きが出始めました。

また、民泊に関する新法の動きがあります。後述しますが、早ければ2017年の通常国会で法制化される可能性が高まっています。

4 民泊の何が問題なのか

フランスは年間8300万人のインバウンドが訪れて、世界一の観光大国ですが、フランスの首都パリでも民泊が大問題になっています。

2015年11月にパリで起きた同時多発テロ事件では、130人が死亡しました。ISが犯行声明を出し、フランスの警察当局の捜査で実行犯は11人と発表されましたが、首謀者と見られる男は警察との銃撃戦の末に死亡しています。

パリホテル旅館組合の情報によると、そのアジトが民泊で貸し出されていた民家だったようです。また、民泊がパリ市内の中小のホテルの経営を圧迫していることが明らかになったことから、フランスでも民泊を制限しようとする動きが出てきています。

エアビーが国内に広がり、都心のタワーマンションでトラブルが多発してきた日本でも、脱法行為を規制しようということに反対する人はいません。だから、民泊は規制しようという方向に動き始めました。

２０１５年に京都の業者が捕まりました。マンションの50戸近い部屋の９割をエアビーに登録して、事実上のホテルになっていました。この事件は大きく報道され、反響を呼びました。続いて、２０１６年４月には東京の業者も捕まりました。ある種の見せしめといえるものです。

厚生労働省の調査によると、２０１５年４月から16年１月の間に捕まった人たちのなかで、旅館業法による営業許可を受けていなかったケースは９９４件で、前年の７倍以上に急増しました。

このうち、インターネットによる紹介サイトを利用していた、民泊と思われる事例が62%に上りました。不明だった34%についても民泊が多数含まれていると見られ、民泊が無許可で広がっている実態の一端を示しています。

さはさりながら、日本国中でホテルが足りない現状がありますから、このままインバウンドが増え続けると、せっかく日本にやって来る外国人のお客さんを泊められないかもしれないことに政府は強い危機感を持ちました。

ホテルや旅館の補助として民泊を活用しないとこの事態を乗り切れないので、民泊を推進しようという動きも出てきたのです。

これに対し、全国旅館ホテル生活衛生同業組合連合会（以下、全旅連）などの業界団体は猛反対です。あたりまえです。これまで厳しい旅館業法を遵守してきたのに、無法地帯の民泊が幅をきかせたのではやっていられません。

こうした諸々《もろもろ》の動きをふまえ、政府は国家戦略特区で民泊を認める方針を打ち出しました。羽田空港のある東京大田区と大阪市のふたつのエリアに限って民泊を認める方向で2015年から検討を始めたのです。

大田区で開かれた説明会には1千人を超える関係者が詰めかけて、大騒ぎになりました。インバウンド激増に合わせたニュービジネスとして民泊は大変な注目を集めることになったのです。

5　国家戦略特区の試み

旅館業法によって、ホテルや旅館はさまざまな規制を受けています。

1室当たりの面積の制限や室数の制限のほか、「利用者名簿を作りなさい」とか「名前を聞きなさい」とか「帳簿を設けなさい」とか、なかなか厳しい規制です。

ホステルやカプセルホテルは、この旅館業法の中では簡易宿所に分類されます。簡易宿所は多人数利用でベッドが何床あってもいいのですが、施設全体の延床《のべ》面積が33平方メートル以上と決められています。だから、「この部屋が空いているから貸しましょう」といっても個人住宅ではそんなに大きな部屋がないために無理なのです。

簡易宿所では氏名や住所等の確認もしなければなりませんが、下宿には何の制限も設けられていませんでした。下宿は学生が中心で、一般的には数年にわたって利用するので、宿泊とは区別する考えが基本にあるためです。これが、これまでの規制で

図表⑧
旅館業法の分類と国家戦略特区における民泊の扱い

	ホテル	旅館	簡易宿所	下宿	国家戦略特区内
設備	洋式	和式	多人数共用	部屋貸し	一定制限
室数制限	10室以上	5室以上	なし	なし	なし
面積制限	10m^2／室	7m^2／室	延床面積33m^2	なし	25m^2／室
旅館業法適用	○	○	○	○	×
滞在日数制限	なし	なし	なし	1カ月以上	7～10日
名簿設置	氏名、住所、職業等	氏名、住所、職業等	氏名、住所、職業等	なし	氏名、住所、職業等
玄関帳場設置	○	○	×	×	×

す。

　では国家戦略特区で民泊を定めた東京都大田区の事例を見てみましょう。

　国家戦略特区の大田区では、「1室当たりの面積を25平方メートル以上にしなさい」と定められています。これで、ほとんどの住宅で民泊はできなくなります。また、一番厳しい規制が「宿泊するお客さんは1週間以上でないとダメ」という規制でした。旅行者の大半が1泊とか2泊なのに、1週間以上では誰も泊まれません。

　このほか、近隣の同意を得るとか、当局が立ち入り調査をするとか、事実上営業が困難となるような規制がいくつもありました。

大田区では結局、許可が下りたのはわずか3業者で、着手したのは2社でした。まさに「大山鳴動してネズミ一匹」です。

なぜ、こうした内容のものになったのかについては疑問が残ります。民泊は無法地帯だったので、ホテルや旅館に近い規制を設け、さらに既存のホテル旅館との競合を避けるために、現実にはありえないような条件（宿泊日数など）をつけてしまった結果、実際にはワークしない「骨抜き」案となってしまったようです。

ところが、こうした対応に官邸が「待った」をかけたのです。安倍政権はアベノミクスを目玉にしていますが、その勢いに陰りが見えているなかで猛烈な勢いで伸びているのが、インバウンドです。インバウンドが景気回復の牽引車になっている以上、民泊もある程度進めていかざるをえないという政治的判断をした模様です。

6　旅館業法改正での対応から新法制定へ

こうした紆余曲折《うよきょくせつ》の末、ふたつの方向性が出てきました。ひとつは旅館業法の改正、もうひとつは新法の制定です。

旅館業法の改正というのは、業法の中の簡易宿所の規定を緩和して民泊に適用できるようにすることで、２０１６年４月にスタートしました。

民泊を簡易宿所として営業する場合、営業許可を取る必要はあるのですが、手続きは簡単にする。宿泊は１泊でもいい。延床面積33平方メートル以上を改めて一人一坪（３・３平方メートル）以上にする。これなら、一般の住宅でも空き家でも民泊ができるということで、旅館業法施行令の一部改正での解決をしようとしたわけです。

ところが、この旅館業法の改正には、住宅地ではできないという決定的な欠陥がありました。民泊というのは普通の民家を開放するわけですから、住宅地でできないのではナンセンスです。このやり方ではうまくいかないことが、初めから見えていました。

そこで、安倍政権の後押しを受けて「民泊業法」のような新法を作る動きが出ています。それは、前述したように、インバウンドが激増するなかでホテル不足への危機感が高まっていることが背景にあります。

政府が新法整備の方向に舵《かじ》を切るきっかけになったのが、オリンピックの前に各国の選手団が合宿する際の宿泊所の問題といわれています。

たとえば、アメリカの選手団は東京世田谷の大蔵《おおくら》運動場を合宿場に使う契約をしていますが、実は世田谷区内に選手団が泊まれるようなホテルや旅館が少ないのです。世界中から各国の選手団が合宿に来ると、インバウンドも増えるなかで全国的に宿泊施設の奪い合いになってしまいかねません。

民泊の力も借りないと、年間4千万人の外国人旅行客を受け入れ切れないという危機感から、政府は国家戦略特区を打ち出し、その後、新法の整備へと歩を進めてきたわけです。

では、民泊が実際に宿泊不足の救世主になれるかどうか。それは、新しい法律の中身にかかってきます。

民泊が成功するかどうかの鍵となっているのが、営業日数の制限です。

これには、民泊に対する考え方の違いが表われています。つまり、民泊を「新しい宿泊形態」としてホテルや旅館に次ぐポジションとして扱うのか、あくまでもオリンピックなどのイベントが行なわれた際の宿泊「補完」機能として位置づけるのかの違いです。

宿泊人数の制限についても検討されています。ドイツやオランダの法律にも一部屋あたり8人以内という制限があります。これは制限しないと、1部屋に10人も詰め込んでタコ部屋みたいになる危険性もありますから、ある程度の規制は必要でしょう。

各国の法律を参考にしながら国内の民泊についての新しい法整備をやりましょうというのが、今の動きです。

私が心配しているのは、議論の中で「近隣の同意を取れ」とか「宿泊名簿を誰が管理するのか」「火災などが起きたときに避難はどうするのか」といった意見が絶えないことです。確かに大切なことではありますが安全や安心ばかりを優先すると、民泊ではなく旅館に戻ることになります。

言ってみれば、そうした数多くの規制を課して旅館が生まれたわけです。これに対して、民泊は一般の民家が部屋を貸して、外国人と交流を深めるという本来、自由かつ美しい理念があるのですから、ストイックにルール決めをしていくと旅館へと先祖返りすることになるのは目に見えています。

それでは、許可を取るのに手間暇とお金がかかり、作ったけれども使えないということになりかねません。そこをどうやって突破するかが、焦点になっていると思います。

第五章　民泊ビジネスの方向性

1　民泊全面解禁へ

民泊の解禁に向けて、政府は２０１７年（早ければ16年秋）の通常国会に提出する方向で、新法の法案を詰める作業を進めています。

国家戦略特区の設置と旅館業法施行令（以下、政令）の改正による民泊の推進という一定の方向性は出されましたが、すでに説明したように、これで民泊が充実する可能性は低いと言わざるをえません。そこで、政府は新法を制定し、一般の住宅でも受け入れができるように住宅地も含めて民泊を全面解禁する方向で検討を進めています。

政府の規制改革会議の答申を受けて、16年6月には規制改革実施計画が閣議決定されました。これを受けて、民泊に関する新法の法律案が作られ、通常国会に提出される見通しです。

これまでの検討会での検討事項を示した「民泊サービスの在り方に関する検討会最終報告書」によれば、新法の行方《ゆくえ》はおおむね次のように整理されています。

①基本的な考え方

民泊を「住宅を活用した宿泊サービスの提供」と位置づけ、一定の要件のもとに認めていく、とするものです。一日での宿泊も可能とし、「一定の要件」の範囲で、繰り返し有償で実施できるものとしました。簡易宿所による民泊サービスでは実施ができなかった住居専用地域での実施も可能としました。

ただし、地域によってはさまざまな実情があることから、条例等によって禁止することも盛り込んでいます。

②民泊の分類

家主が実際に居住をしている「家主居住型」と、家主が不在にしている「家主不在型」に分類をし、その上で、「住宅提供者」「管理者」「仲介事業者」に対する規制を設けました。

具体的には、民泊に提供する住宅に対する適正な管理、安全面や衛生面の確保を行なったうえで、行政がこの内容を把握できる仕組みを設けようとするものです。

「家主居住型」については、ホームステイのようなスタイルを想定し、住宅提供者が、住宅内に居住しながら、当該住宅の一部を利用者に利用してもらうものとしました。欧米で一般的に行なわれているスタイルです。

住宅提供者は、民泊を実施するにあたっては行政庁への届け出が必要になります。さらに、「利用者名簿の作成・備え付け（旅券等の写しの保存）」、「最低限の衛生管理措置」、「宿泊者一人当たりの面積基準（3・3平方メートル以上）の遵守」、「利用者に対する注意事項の説明」、「住宅の見やすい場所への標識掲示」、「苦情への対応」、「当該住戸の法令、契約、管理規約違反の不存在の確認」などを求めています。

さらに法令違反や感染症の発生等に対応して、行政庁による報告徴収、立ち入り検査、業務停止命令などの処分、罰則までを規定しています。

「家主不在型」については、家主居住型に比べて、騒音、ゴミ出し等による近隣トラブルや施設悪用の可能性があることから、住宅提供者があらかじめ、管理者に管理を委託するものとされました。管理者は行政庁への登録が必要となります。

管理者は住宅提供者からの委託に基づいて、「家主居住型」における規定と同様の規定や処分・罰則を受けることとなります。

③仲介業者

「家主居住型」「家主不在型」を問わず、民泊に介在する仲介業者は、行政庁への登録を行なうこととなります。仲介業者には消費者の取引の安全を図るため、取引条件の説明義務や新たな枠組みに基づく民泊であることを、サイト上に表示するなどの義務を負《お》うことになります。

また、行政庁による報告徴収、立ち入り検査、違法な民泊のサイトからの削除命令や業務停止命令、登録取り消し等の処分を受けたり、法律違反に対する罰則を受けるようになります。さらに外国人に対する取り締まりの実効性確保の名目で法律違反を行なった者の名称や違反行為の内容等の公開も視野に入れています。

④所轄行政庁

国のレベルにおいては国土交通省と厚生労働省の「共管」となります。

さてここで問題となるのが、年間提供日数に上限を設けるべきかという議論です。現状では年間提供日数を半年未満（180日以下）の範囲で適切な日数を設定することを基本としているようです。

英国の90日やオランダの60日に比べると、長いようにも見えますが、たとえば投資用の民泊マンションなどを考えている業者にとっては、この提供日数の制限は利回り低下を招き、商品性を直撃するものとなってしまいそうです。

また宿泊者の受け入れについては「家主居住型」「家主不在型」双方で、「拒否」ができるものとされました。背景として、外国人などが大騒ぎをして近隣住民が迷惑を被ったとか、ゴミ出しをちゃんとしないといったトラブルがありました。これは管理責任の範疇に入るものですが、新法では、こうしたトラブルに対して、家主側から、「こんなお客はもう泊めない」としてお出入り禁止にすることもできるようになっています。

実は現行の旅館業法では、宿泊者の受け入れは原則拒否できないのです。以前、教職員組合が集会を開くということを、ホテル側が拒否して問題となりましたが、このケースも一例です。

新法の骨子は２０１６年中にも固まる見通しですが、民泊が花盛りになるか、あまり広がらないまま終わるのか、ひとつの分岐点になります。

新法が最終的にどのような法律になるかは、本書を執筆している16年夏の時点ではまだわかりませんが、私自身は民泊をもう少し戦略的に考えるべきだと思っています。

理由のひとつは、次節で詳しく述べるように、空き家対策としての民泊の活用に道を開くためです。空き家を利用するためにはリニューアルする資金を投資する必要があります。その投資資金を回収することを考えると、たとえば年間60～90日間しか部屋を貸せないようでは、オーナーはおそらく断念するでしょう。

年間60～90日間の日数制限というのは、あくまで空いている部屋をちょこっと貸すという欧米流の民泊です。イギリスやアメリカなどではホームステイのように自宅に人を泊めることが普通に行なわれています。

しかし、はたして、どうでしょう。日本人の感覚として、自宅の部屋が空いているからといって、見知らぬ外国人を宿泊させるだけの勇気のある人がどれほどいるでしょうか。見知らぬ外国人が「ハロー」と言って泊まりに来たときに、「ハロー、ウェルカム」と言って気持ちよく受け入れる日本人は少ないと思います。

もうひとつの理由は、働き方というかライフスタイルの違いです。欧米諸国では長いバカンスが当たり前で、3週間から1カ月間も休む人もいます。だから、家族が留守をしている間、空き家にしておくのはもったいないということで部屋を貸しているのです。

ところが、日本ではこんなに長期の休暇を取る習慣がそもそもありません。だから、欧米のように部屋を貸す動機がもともと強くないのです。

したがって民泊は、「空き家対策」としてどのように活用するかという視点と、「投資用不動産」としての活用の視点をどう扱うのかということをよく整理して考えるべきだと思っています。

2 空き家対策としての民泊

日本の場合、欧米流の「ちょこっと部屋貸し」スタイルではなく、空き家対策として民泊を活用すべきであるというのが、私の提案です。

実は、この空き家対策としての民泊が一番効力を発揮するのは、地方だと思っています。

インバウンドが年間4千万人に倍増しても、ホテルや旅館が地方にどんどん増設されることにはならないでしょう。それだけの採算性はないと思うからです。

しかし、風光明媚《ふうこうめいび》な海や山の近くなど、外国人が好む地方の空き家を民泊として活用すれば、ホテル・旅館の不足を補ってインバウンドの受け皿となり、一人、二人という小口の需要も確実に取り込めることになります。

一方、外国人のバックパッカーが日本国内を旅行するときに民泊のシステムがあれば、日本の不慣れな旅館を予約する必要もなく、外国人にとっても充実した体験ができるために、非常にいい試みになるのではないかと思っています。

地方にすでにある立派な民家、しかも空き家となっている民家を外国人の宿泊場所にすれば、一人、二人でも泊まってもらえるだけでなく、地域の人との交流もできます。今の時代は交友関係を構築するネット上のサービスのひとつであるSNS（ソーシャル・ネットワーキング・サービス）などを使って、どんどん世界に向けて情報が発信されますので、噂が噂を呼んで活気が消えた山村に大勢の外国人がやって来るかもしれません。

外国人に泊まってもらい、その地域をエンジョイしてもらい、日本で「こんないいところを見つけた」「あんないいところがある」と発信してもらうということは、日本の観光をさらに活性化することにつながります。外国人が宣伝部長なのです。

そのきっかけとして空き家を民泊に活用することは、民泊の新しいあり方、日本独自のスタイルとして正解だと考えます。なにしろ、多額の資金を投資して地方にホテルや旅館を建てなくても、インバウンドを受け入れる最大のサポート施設になるのですから、とてもお得なプロジェクトです。

こうした空き家の活用を目的とした民泊については、宿泊日数の制限は必要ないのではと思っています。せっかく空き家を整備してきれいにしても、年に一定日数しか泊められないのでは費用対効果が上がらないからです。

新法はぜひ、こういったポイントを外さずに制定してほしいと願っています。

3　投資用不動産としての民泊

空き家対策とは別に、民泊を投資用不動産のメニューとして活用できないかという動きもあります。

その代表が、民泊専用マンションの建設です。

たとえば、東京都内で賃貸マンションを建設しても、入居者から取れる家賃はせいぜい1カ月で15万円が限度です。ところが、東京でもちょっと立地のいい場所であれば、外国人を泊めて1泊1万円から1万5千円ぐらい取ることができます。ということは、2～3人泊めると1晩で3万円、月に20日貸すと60万円になるわけです。

賃貸マンションをプランニングするときには、たとえば3千万円を投資して家賃が月額15万円だから、利回りは年6％というふうに見積もることができますが、家賃が月額60万円であれば24％の利回りになるわけです。そうであれば、民泊専用マンションを分譲してみたらどうだろうかと考えるのはごく自然な動きです。

たとえば、こんなやりとりの商談が花盛りになるかもしれません。

「牧野さん、自己資金を1千万円用意してください。それから、2千万円のローンを組んでください」

「でも、月額の家賃が15万円じゃ、返すのが大変です」

「いやいや、違いますよ。うちは民泊の仲介もやっていますから」

「民泊ですか。どう違うのですか」

「1人1万円で泊めるとすると、3人で3万円です。月に20日貸せば60万円も夢ではありません。これなら、借金なんてすぐに返せますよ。宿泊する人はうちのほうでちゃんと紹介しますから」

宿泊日数制限を設ければ、投資利回りがぐんと下がりますから、こうしたビジネスが起こることもありません。逆に言えば、日数制限を設けない副作用として、こうしたビジネスが雨後の筍《たけのこ》のように出現する可能性があるのです。

私は「副作用」という言葉を使いました。つまり、民泊専用マンションをいいものと捉えていないということですが、投資用不動産のメニューがひとつ増えるというポジティブな見方をすることもできます。

その一例として、マンション大手の大京などは、新しい商品企画として民泊用投資マンションを検討しています。一方、住友不動産は、民泊を禁止した管理規定を設けているマンションを分譲すると発表しています。

つまり、民泊をうまくビジネスとして取り込もうという動きが出ている一方で、分譲マンションを購入する顧客に安心してもらうために、民泊を排除しようとする逆の動きも出てきているというのが今の状況です。

ただし、国家戦略特区や政令の改正といったこれまでの施策では規制が強すぎるため、多くの業者は様子見状態で、新法の制定を待っているというのが実情です。

東京都内や大都市圏では民泊が広がっていますが、２０１６年の時点ですでに値崩れが起きているようです。

つまり、テレビや雑誌で盛んに紹介されたため、あまりに登録する人が多くて相場が下がっているのです。登録の手続きが簡単で、誰でもできることも一因です。

民泊は住宅を持っているオーナーが経営する形を取りますが、オーナーといっても素人《しろうと》に毛《け》の生《は》えたような一般人ですから、新法ではプロの業者が仲介することになります。

プロの業者というのは不動産業者に限らず、その他の事業主体も含まれ、そうした企業が新しいビジネスチャンスとして民泊への参入を狙っています。もちろん不動産業者はこうした物件を扱うのが得意ですから、民泊の全面解禁に期待を寄せています。

4　民泊はホテル・旅館とは違うサービスを

政府は2020年にインバウンド2千万人をめざして観光政策を進めてきましたが、2015年にはすでに2千万人近くに達してしまいました。

そこで、2016年3月、安倍晋三首相を議長とする「明日の日本を支える観光ビジョン構想会議」では、2020年にインバウンド4千万人、2030年に6千万人という新たな目標を掲げました。しかし、これほど多くの外国人旅行客を受け入れるホテル・旅館があるかといったら、とても足りないのが現状です。

大風呂敷は広げてみたものの、「待てよ。外国人が来ても泊まるところが足りないじゃないか。国家戦略特区や政令の改正でダメなら、民泊を全面解禁するしかない」

というのが政権中枢の率直な胸の内だと思います。

マスメディアが民泊による騒動やトラブルなど、悪い面ばかりを喧伝《けんでん》してしまったため、民泊はどちらかというとネガティブに捉《とら》えられる傾向が強くなっています。民泊がどこまでポピュラーになるかはやってみないとわかりませんが、私の見立てでは、おそらくインバウンドの1割も民泊には行かないのではないでしょうか。しかし、地方によってはホテル・旅館がまったく足りなくなる事態が予想されるので、民泊で補完していかないと目標達成は覚束《おぼつか》ないでしょう。

予約などがすべてネットでできてしまう時代を迎えて、民泊はホテル・旅館とは違う、軽便でみんなが気楽に使える宿泊サービスであり、またそういうものでないとダメだと私は思っています。

星野《ほしの》リゾートの星野佳路《よしはる》社長が「ホテル・旅館が民泊によって影響を受けるぐらいだったら情けないことだ」と言っていましたが、私も同感です。

ホテル・旅館業ならではの設備を備え、フェイス・トゥ・フェイスのおもてなしや心遣《づか》いがあるからホテル・旅館だと言えるのであり、人気があるのです。

一方の民泊には、そういった設備もサービスも一切ありません。プロの業務を排除して、単に空き部屋を提供するのが民泊であって、それに制約をかけては元も子もありません。

逆に言えば、民泊を規制するルールを考えれば考えるほど、ホテル・旅館に近づいていくことになります。災害が起きたときにどうするかといったリスクを真剣に議論していくと、いろいろな規制をせざるをえず、だから旅館業法が定められたのです。そうやってリスクをつぶしていったらホテル・旅館と同じものになってしまうだけで、民泊の意味がなくなってしまいます。

そうではなくて、ネットで気楽に使える自由で軽便な宿泊システムとして民泊を位置づけるというのが、民泊の方向性であってほしいと思います。

民泊の気楽さや自由度、軽便さを活かすほど、ホテル・旅館との差別化ができます。差別化ができれば、旅行客は選ぶことができます。

いろいろなおもてなしやサービスを受けたい人はホテル・旅館を選べばいいし、「いや、ぼくはザックひとつで旅しているので泊まれればいい」というバックパッカーは民泊を活用すればいいのです。これなら、消費者から見てもわかりやすいと思います。しかし、規制をたくさん付けて、しかもそれが混じり合ってしまうと、消費者の側から見てもよくわかりません。

また、規制を厳しくするほどコストがかかりますから、民泊の値段がホテル・旅館の値段に近づいていってしまうことにもなりかねません。これは、利用者にとって決していいことではないはずです。

そういうわけで、私は民泊の位置づけの明確化を求めているのです。

5　民泊の可能性は地方にある

民泊は都市部ではあまり広がらない可能性もありますが、地方で広がる可能性はきわめて大きいと思います。

というのも、都市部ではホテルや旅館がどんどん新設されているからです。東京だけで2020年までに1万室の増設が計画されています。ホテル・旅館だけでなくて、ホステルやカプセルホテルなどの簡易宿所も次々とオープンしています。だから、都市部では民泊はそれほど大きな役割を求められないかもしれません。

しかし、地方は違います。ホステルやカプセルホテルが次々にできるという状況にはありませんので、その代わりに広い自宅の一部や空き家を民泊に活用することは、社会インフラを守るという観点からも重要だと思っています。

民泊というのは、言ってみれば、地方の観光を演出する有効な手立てのひとつです。

たとえば、外国人旅行客が訪れて新しく見つけた日本の観光地がいっぱいあります。日本人の観光を押し付けるのではなく、外国人に自由に日本国中を歩き回ってもらって、観光資源を発見してもらう。そして、その国の宣伝部長として世界に向けてPRまでしてもらえれば、こんなに有り難いことはありません。

しかし、外国人が歩き回る先々すべてにホテルや旅館を建てるわけにはいきませんから、各地にいくらでもある空き家を整備して自由に泊まってもらうのがベストだと思います。民泊は宿泊システムですから、日本語を各国語に翻訳して迎えられれば、外国人旅行客が悩む日本語の壁からも解放されます。

都市部では、東京オリンピックの開催に向けて民泊が乱立し、２０２０年を頂点に、値崩れを起こして淘汰される方向に動くと思います。

そのなかで、新法が制定された後、民泊は地方のホテル・旅館不足を補うものとして一気に広がり、地方に根づいていく。

このシナリオが、民泊の理想的な流れだと思っています。

第六章　ホテルの将来

1　ホテルビジネスの面白さに開眼

ホテル産業は、ずっと儲からないビジネスの代表でした。

私が三井不動産に勤めていた2000年代前半も、ホテル事業は社内でもっとも人気のないジャンルでした。

理由のひとつは、儲からないのに仕事をしなければならないという、いわば張り合いがないことです。もうひとつは、お客さんの苦情や要求にいちいち対応しなければならない煩《わずら》わしさです。言ってみればクレーム産業に近いところがあって、人事に提出する異動希望にホテルと書く社員はきわめて少なかったと思います。

私は2002年にガーデンホテルズ社（現在の三井不動産ホテルマネジメント）に出向しましたが、実は非常に不本意な異動でした。

というのも、三井不動産のなかでも最前線の事業を担当するビルディング本部のビルディング事業企画部の課長として、誰もが羨《うらや》む仕事をしていたからです。ビル事業を企画する、つまり、開発用地を押さえたり中古のビルを買い上げたりするハードな仕事に従事していたのです。

その私に突然、「ガーデンホテルズ社に出向を命ず」という赤紙が来たわけです。これは、底知れぬショックでした。

ちょうどその前、銀座の高層ビルの開発プロジェクトを担当しており、電機メーカーの本社の上層部の容積割増部に「ホテルを入れましょう」ということになりました。そこに三井ガーデンホテルが「どうしても入りたい」と名乗りを上げたのに対し、私は「冗談じゃない。もっといい銘柄のホテルを入れるべきだ」とガーデンホテルの参入に反対していたのです。

そうしたら、言いたい放題言っていた当人が三井ガーデンホテルへの異動を命じられたので、当初は「これは見せしめの人事じゃないか」と疑われたくらいです。

「なんで私なんですか」と上司に食ってかかると、上司は「いや、突然のことで、オレにもよくわからん」と逃げの一手です。仕方がないので人事部に行って、「これはどういうことですか。納得いきません」と談判すると、担当者に言われました。

「だって、君はボストンコンサルティングで経営戦略の立案に携《たずさ》わっていたでしょう。ガーデンホテルズ社の実情は君も知っての通りです。行って立てなおしてください」

3年経ったら戻すと言われたので、しぶしぶ承諾しましたが、「しょうがないなあ。ホテルのホの字もわからないのに」というのが正直な気持ちでした。

ガーデンホテルズ社は、周りに蚊がぶんぶん飛んでいるような秋葉原の神田川沿いにありました。古いオンボロ社屋で、夏になると、トイレが臭くてたまりませんでした。

出向してからわかったのは、ガーデンホテルズ社が当時、予想以上の赤字会社だったことです。三井不動産が株式の100%を持っている完全な子会社でしたが、実態はひどい財務内容でした。それで、三井のグループ会社なのに三井のビルには入れなかったのです。

同僚からは「左遷だ」と言われ、ビジネスパートナーのゼネコン幹部からは「牧野さん、オンナ？　それともカネ？」とからかわれたのを覚えています。

この年の春はもうサラリーマン人生が終わった気分でしたが、社命だから仕方がないということでいやいや出向したのです。サラリーマンとして一番脂《あぶら》が乗っている

42歳ぐらいのときでした。

誰も行きたがらない不人気のホテル会社に出向を命じられたのが、私のホテルとの出合いでした。ところが、実際にやってみると、このビジネスが底抜けに面白いのです。

三井不動産で花形だったビルディング事業企画という仕事は簡単に言えば、ビルを建設してテナントを入れて、それで終わりです。しかも、成果が出るまでに気が遠くなるような時間がかかります。

一方、ホテルという事業は「じゃあ、明日から方針を変えてこういうふうに直そう」と決めて施策を打つと、すぐに成果が現われます。極端な場合では、今日決めると明日には結果が出るわけです。

たとえば、客室の単価を上げて利益が上がれば「ヤッター」となるし、うまくいかないときは「なんで、なんで?」と理由を考えるのです。とにかく結論が早い。ホテル経営に関わっているうちにこの手応《てごた》えが楽しくなってしまい、「赤字会社を何とか立てなおすぞ」というわけで腕を振るい出したのです。

そうしたら、目に見える形で業績が改善され、2年半で道筋をつけることができました。その頃、約束通り本社に呼び戻されたのです。

ほんとうに、人生は何があるかわかりません。私は今、ホテルのコンサルティングをしているのですが、あんなに不貞腐《ふてくさ》れていた時代の仕事が、今や自分の人生を支えているわけですから、何だか妙なものだというのが正直な感想です。

2 ホテルは儲かるビジネスになった

私が三井ガーデンホテルに関わっていたころは、ホテルの地位はきわめて低いものでした。ところが、ここ数年で大変革が起きています。ホテル事業が儲かるビジネスとして、初めて表舞台に躍り出てきたのです。

人口減少と高齢化が猛スピードで進む日本では、オフィスビルもマンションも実需が増えません。大きなオフィスビルが次々に建てられていますが、実は古いビルからテナントを引き抜いているだけなのです。

市場全体のパイが拡大しているのではなく、いわばゼロサムゲームでテナントの奪い合いが行なわれているのです。

たとえば、A社とB社が合併するという情報はとても重要なのですが、それはオフィスを移転する可能性が大きいからです。規模の大きなA社のオフィスに余裕があればB社を吸収すればいいのですが、たいていの場合、余裕はありません。だから、A社とB社がともに入居できる新しいオフィスに移ることになります。会社の移った後のビルは当然ながら、ガラ空きです。

東京はまだ人口が増えていますが、東京以外の大都市では人口が減るなかで、大量の移民でも受け入れない限り、オフィスやマンションが量的に拡大する青写真はなかなか描けないのが現実です。

ところが、ホテル・旅館については、外国人旅行客が空と海から降りて来ています。向こうから勝手にやって来て、しかもどんどん増えているのです。

その背景には、アジア諸国の経済成長があります。子どもの教育や旅行などにお金を支出できる中間所得層が激増しているわけです。国内の日本人観光客は高齢化や人口減少に伴《ともな》って、これから減っていきますが、外国人旅行客は増える一方です。

アジアから見ると、日本は先進国であり、四季が心地よく、温泉があって食事が美味しく、文化や歴史も豊かで、交通社会インフラも整っています。ほんとうかどうかは別にして、日本人は親切だとも言われています。何といっても、アジア諸国から地政学的に近いという地の利もあります。

まさに、観光の要素をふんだんに持った国であることが認識されつつあります。だからこそ、観光客の宿泊を担《にな》うホテル産業の将来はきわめて明るいというのが、私の考え方の基本になっています。

3　ホテルサービスを輸出産業に

世界的に見て、独自の成長を遂げたのが、日本のビジネスホテルです。

東横インでもアパホテルでもそうですが、部屋は狭いものの、手を伸ばせば何でもあるのが最大の特徴です。私も海外のホテルにはずいぶん泊まりましたが、こういうタイプのホテルにはついぞ出合った経験がありません。たとえば、欧米のホテルには普通歯ブラシは置かれていません。

日本の住宅はかつて外国から「ウサギ小屋」と言われたこともありますが、ポジティブに考えれば、日本人は狭いところにいろんな物を詰め込んで凝縮させるのが巧《うま》いとも言えるのです。

三井不動産が作るマンションもそういう日本的な特徴が遺憾なく発揮されており、やたらに物入れが多くなっています。あるいは、トヨタの自動車も車内に物入れが多いのですが、あれも非常に日本的と言えます。

こうした日本的なスタイルに感動する外国人も多く、日本のビジネスホテルを高く評価する人もいます。

私が知っているインドの財閥のオーナーが来日して、たまたまビジネスホテルに泊まったのですが、彼は「これはすごい」と驚いたそうです。こんな狭い部屋にこれだけの機能とアメニティ（快適さ）が詰め込まれ、いろいろな物が取り揃えられているというので、日本のビジネスホテルを絶賛しました。

彼は事業家ですから、これだけ小さな面積でこれだけの宿泊料金を稼ぎ出せるビジネスホテルには経済性が十分にあると見たようで、インドで日本流のビジネスホテルを展開できないか検討していると聞いています。

このように、長い間ずっと日陰者的な存在だった日本のビジネスホテルは、外国人観光客の激増によって収益性を回復しただけでなく、グローバルにも認められ始めました。

日本人がこれまで気づかなかった日本のビジネスホテルの良さが認識される時代になったということは、このモデルを世界に輸出するチャンスが来たということです。

残念ながら、普通のホテルで、海外でも有名な日本のブランドはひとつもありません。日本人の富裕層がニューヨークなどに出かけた際に宿泊するホテルに困るというので、日航ホテルや全日空ホテルが作られてきましたが、外国人が喜んで泊まるわけではありません。

一方、海外ブランドのマンダリンやザ・ペニンシュラ、シェラトンといった海外ブランド高級ホテルは東京で成功し、日本国内でも展開しようとしています。しかし、こうした高級ホテルは相当な専門性だけではなく、西欧文化が持っている歴史的な要素もたくさん背負い込んでいますので、それらと同じように海外で認められる日本のホテルを作るのはなかなか難しいのです。

ところが、ビジネスホテルの場合、機能的で便利で清潔で、しかもホスピタリティー（おもてなしの精神）の豊かな日本のホテルサービスが詰まっており、それゆえ海外でも評価される時代が来たと言えます。

ビジネスホテルでは、東横インがすでにニューヨークなどにあります。まだ世界中に展開しているわけではありませんが、ビジネスホテルで世界進出するチャンスが来たと思います。

これが、ホテル新時代のひとつめのビジョンです。

4　ＩＴが救うホテル新時代

日本独特のホテルサービスをさらに促進するのが、ＩＴの導入です。

ホテル不足のうえに人手不足という、ホテル業界の二重の危機を救うにはＩＴしかないというのが、多くの人たちの意見です。

その流れから、多くのビジネスホテルに自動精算機が導入されたのは、大きな革命でした。宿泊料金を機械で支払うしくみです。旅館業法では、スタッフがお客さんと対面することが条件になっていますが、支払いは機械でするというのが主流になっています。

スタッフがお金の出し入れをしないため、フロント業務がアルバイトでもできる仕事になり、その分の人件費が圧縮されたわけです。

当初はお客さんに抵抗があるといって反対意見が多かったのですが、実際にやってみると現金管理がしっかりできる上に、人手不足の解消にもつながり、今やビジネスホテルのごく一般的なスタイルになりました。

長崎のハウステンボスというテーマパーク内にＨＩＳが運営しているホテルがありますが、ここではデモンストレーションの意味も含め、ロボットがフロントで挨拶をしたり荷物を運んだりします。

しかし、部屋の掃除やベッドメイキングまではロボットではできません。このため、人海戦術でやっていますが、やはり人手不足でフィリピン人やベトナム人など外国人女性が入っています。

日本人の習性として、髪の毛一本落ちていてもクレームを出す人がいるため、なかなか掃除をお掃除ロボット・ルンバで済ませるというわけにもいきません。クレーム対策なのか、よく部屋に「○△が掃除しました」というネーム入りのカードが置いてありますが、これもある意味、意味不明です。宿泊するビジネスマンにとって、誰が掃除したかは関係ありません。

ですから、もっと画期的な清掃ロボットである『(仮称)ホテル・ルンバ』と、シーツをシャッ、サッ、バンッと敷くベッドメイキング・ロボットが開発されれば、ホテル業界にとっては革命になると思います。

外国人旅行客を受け入れるホテルや旅館をこれから増やしていくわけですが、そのときにホテルのオーナーたちが一番心配しているのが、「外国語アレルギー」の問題です。外国人が泊まりに来たときに中国語やタイ語で対応できない、英語すら話せないで大丈夫かという不安です。

その対策としてオーナーたちがまず考えるのが、言葉のわかるスタッフを入れるということです。これはよくしたもので、日本語も話せる中国人留学生をアルバイトで雇うという手立てがあります。

日本学生支援機構の調査によると、日本で学ぶ外国人留学生は2014年5月1日現在で20万8379人、このうち中国人留学生は全体の45・2%に当たる9万4111人に上っています。人材は十二分にいるのです。

しかし、中国語はよいとしても、タイ語やマレーシア語、フィリピンのタガログ語、スペイン語にどう対応するのか。フロントにタイ人とマレーシア人とフィリピン人とスペイン人の留学生アルバイトを並べるわけにもいきません。ちなみに、スペインではなぜか日本ブームが起きており、多くのスペイン人観光客が日本を訪れています。スペイン語での対応も課題なのです。

そこで、言語対応を補うのがITです。

パナソニックが開発した自動翻訳機を見せてもらいましたが、この機械をフロントに置いて、中国人客が中国語で話すと液晶画面に日本語で出てきます。それを見て、スタッフが日本語で話すと、画面に中国語で翻訳された文面が表示されるのです。今は英語、中国語、韓国語に加えて、タイ語でも対応できるようになったそうです。

この自動翻訳機が進化すれば、外国人とのコミュニケーション・ギャップは解消できると思われます。

アパがすでに導入しているシステムは、タブレットを通しての対応です。中国人やマレーシア人、インドネシア人、ベトナム人らと契約してフロントに来た外国人に対して該当する国ごとに、タブレットでフェイス・トゥ・フェイスに対応するのです。

こうしたＩＴによって、外国人への恐怖感は解消されつつあります。

ＡＩ（人工知能）を駆使した自動運転の自動車が開発されると、どこの国の人がどこの国で運転しようが安全が確保されることになります。

ＩＴ技術がさらに発展していくと、経営をさらに効率化・合理化することによってリーズナブルなコストで最大限のホスピタリティーを得られる新しいタイプのホテルがどんどん出てくるのではないか。そして、日本が自動化・機械化を率先して進めることで、日本一流の工業技術を駆使した新しいホテルを世界に広めることができるのではないか。

これも、ホテル新時代のもうひとつのビジョンです。

5　国内では淘汰が始まるビジネスホテル

ホテル新時代が到来する一方で、ホテル業界で何が起こるかというと、ビジネスホテルも決してバラ色ではなく、淘汰の時代を迎えるだろうということです。

個人経営のホテルが今、非常に苦境に立たされています。というのも、これらのホテルの多くが戦後から高度成長期にかけて旅館をビジネスホテルに改装するなどしてホテルを開業したもので、建物が老朽化しているだけでなく、オーナーも高齢化しているからです。

建物の建て替えをしたいけれども、多大な借金を抱えて資力がない。子どもに事業承継したいけれども、子どもの了解を得られない、あるいは子どもに継がせたくない。その一方で、相続の問題もズシリと肩にのし掛かっています。ホテルは比較的立地のいい場所に建っていますので、相続が発生すると相続税が巨額になります。

こうした多重苦のなかで、非常に厳しい経営を強《し》いられているホテルも多いのです。

建物の改装ができないだけでなく、ＩＴに疎《うと》く外国人旅行客の対応もうまくできないとなると、個人経営のホテルはこれから淘汰されていかざるをえないでしょう。

では、チェーンのホテルであれば生き残れるかというと、実情は厳しいと思います。過剰な投資で借入金が膨れ上がってしまっているチェーンは、成長が止まった段階で経営破綻に追い込まれる危険性があります。

すでに述べたように、ビジネスホテルはアッパーゾーンに引き上げられるものと、ホステルのような安いゾーンに引きずられるものに二極化していくと私は予想しています。そうなったときに立地の悪い、老朽化したビジネスホテルは厳しいと思います。

たいていが客室面積が標準の13平方メートルかつベッドがひとつあるシングルルームタイプで、無理をすれば2人泊まれないことはないですが、家族連れはアッパーグレードのゆったりしたホテルへと流れるでしょう。一方、外国人のバックパッカーなどは、安いけれども観光需要をきっちりと視野に置いたホステルや民泊などに流れてしまうでしょう。

しかも、人口減少に伴ってサラリーマンもこれから減っていきますから、チェーンホテルといえども優勝劣敗で、淘汰が進むのではないかと思っています。

だから、代表的なビジネスホテルはアジアを中心とした世界進出に踏み出していま す。東横インはすでにニューヨークに進出しており、海外展開を考えていると思いま す。三井ガーデンホテルはアジアへの進出を計画していますし、ワシントンホテルを運営している藤田観光もソウル進出を発表しています。

世界進出がそう簡単にいくものでないことは無論ですが、日本独特のビジネスホテルというサービスモデルを輸出するのはひとつの商機だと思っています。

6　超高級ホテル・リゾートが伸び筋に

日本にこれまで全くなかったホテルのカテゴリーが、リゾートの超高級ホテルです。

インバウンド2千万人時代を迎えても、中国や欧米の超富裕層はほとんど日本に来ていません。なぜかというと、彼らが楽しめるような宿泊施設がないからです。

東京にはザ・リッツ・カールトンやマンダリン、アマンといった超高級ホテルが来ましたが、まだその数は少なく、バラエティにも富んでいません。

平成バブルのころに宮崎のシーガイアのようなリゾート施設ができましたが、経営が行き詰まりました。だから、高級リゾートを作ろうとするとシーガイアなどの失敗を引き合いに出して、「バブルの二の舞だよ」と否定的に捉える人が多いのですが、私は最近の状況がまったく違っていると捉えています。

平成バブルのころのリゾート施設は、日本人だけが相手でした。日本人の富裕層が増えたので、この人たちを対象にした施設を作ったら、バブルの崩壊とともに富裕層も崩壊して採算が合わなくなってしまったのです。

しかし、これからは世界中の富裕層が相手ですから、中国や欧米の超富裕層を呼び寄せるために戦略的に宿泊施設を作る必要があります。

ひとつは、２０１６年5月にサミット（先進国首脳会議）が開催された三重県の伊勢志摩のように大規模な国際会議が開催できて、しかも富裕層を含めたＶＩＰが家族を連れて日本に来て、安心して遊べる超高級リゾートを作ることです。

ベトナムのダナンには、インターコンチネンタルホテルを中心にした超高級リゾートがあります。インターコンチと香港系の中国人投資家が組んだプロジェクトです。オーナーの中国人は自己資金で建てたというのですから驚きです。

ダナンはホーチミン市とハノイ市の真ん中あたりで、昔は漁村だったところです。このリゾートには大きなボードルーム（会議場）があって、諸外国の首脳が国際会議を開くためにやって来ます。

欧米のＶＩＰは、夫婦で来るのが普通です。夫が国際会議で議論をしている間、妻たちは羽を伸ばして遊んでいるわけです。だから、会議もできて、遊びもできるリゾートが必要なのです。

7　国際会議場を呼び水にする

こうしたＭＩＣＥ《マイス》の先進国がシンガポールで、国を挙げて力を入れています。ＭＩＣＥというのは、会議・研修旅行・国際会議・展示会の英語の頭文字を取った造語で、ビジネストラベルの一形態です。

たとえば、シンガポールを代表するホテルであるマリーナベイサンズは、超高層ビル3棟の上部がつながって船のようになっており、上層部にプールがあります。8千人を収容できる国際会議場があり、これを呼びものにして世界からＶＩＰが訪れています。

また、低層部にはカジノがあります。カジノというと日本では批判する傾向が強いのですが、要するにカジノというのは集金マシーンなのです。超富裕層はひと晩で100万円ぐらい負けても屁でもありません。だから、言葉は悪いのですが、金持ちからお金を巻き上げるツールなのです。大型の国際会議などそう開催できるものではないので、このカジノの売り上げによって国際会議場の運営費を補うというわけです。

もちろん、マフィアや暴力団がはびこるリスクがあり、対策にもお金がかかりますが、金持ちが落としたお金でエンターテインメント施設が運営できるのですから、考え方によっては悪いことではないでしょう。

こうした必要悪の部分も含めた超高級リゾートを作れるかどうかが、日本の地方都市の発展を考える際のひとつのポイントになると思います。

ある地方都市を訪ねたとき、広大な敷地に観覧車が一基だけという寂しい遊園地があって、私が「いや、えらい閑散としていますね」と言うと、案内してくれた担当者が「いや、これでも人が入っているほうだ」と言うのです。

「これをどうしたらいいと思うか」と意見を求められたので、私は「8千人収容できる国際会議場を作ったらどうでしょう。5千人収容の有楽町の国際会議場を抜いて日本一になります」とアドバイスしました。

8千人規模の国際会議場はシンガポールに3カ所、韓国に2カ所あります。国際会議の開催件数はシンガポールがアジアのトップで、日本は番外です。それもそのはずで、MICEの誘致予算を見ますと、シンガポールが年間12億円、韓国が8億5千万円かけているのに対し、日本は4億9500万円にすぎません。

そして、私はその担当者に、MICEがいかに地方創生に寄与するかを説いたのです。

「8千人クラスの国際会議場を作れば、当たり前ですが周りにホテルが必要です。何百人、何千人という従業員も必要で、その人たちのための住宅も作らなければなりません。会議だけではつまらないので商業施設も必要です。つまり、新しい町ができるのです。これだけ広大な土地があるのですから、ぜひトライしてください」

そう言ったら、その担当者は目を白黒させていましたが、どうせやるならそのくらいスケールの大きなプロジェクトをやりたいものです。

日本でも、すでに東京や京都、北海道のニセコ町、沖縄などで、海外の超高級ブランドのホテルを核にした超高級リゾートを作る計画が進められています。

こうした動きは、日本のホテルマーケットを変えるような新しいカテゴリーになる可能性があります。

日本人のなかには中国の富裕層をバカにする人がいますが、中国や韓国の超富裕層は日本ではお目にかかれないようなケタ違いの金持ちです。とんでもない金持ちがいっぱいいて、一泊の宿泊代に100万円ぐらい平気で使いますから、ちょっとレベルが違います。これからの日本はそういう人たちも相手にすることを考える必要があります。

とにかく何度も繰り返すように、日本は自然が豊かで、いろいろな体験ができるし、温泉があり、食事も美味しいので、中国や欧米の富裕層にも十分に楽しんでもらえます。だから、超富裕層を対象にしたリゾートの宿泊施設にも商機があると思っています。

8　他業種との結び付き

これまでホテルはホテル単体で経営するのが普通で、お客さんが来て宿泊して終わり、でした。そのホテルのある地域からすると、ホテルから税金が支払われることや、地元の雇用が発生するという意味では期待感がありましたが、その程度の存在でした。

ところが、これからはそうではありません。最近、盛んに言われるようになった地方創生と絡んでいるのですが、ホテルがある地域全体の戦略のなかで、ホテルを考える時代になったと思います。

これまでは「外国人旅行客なんて自分たちには関係ない」という日本人が多かったと思いますが、これからは地域全体で外国人をどうもてなすか、戦略を考えて実践していく時代になっていきます。

しかし、ホテルに単に滞在するだけでは、お客さんは地元にあまりお金を落としてくれません。だから、ホテルに来たお客さんが地域にお金を落としてくれるしくみを作っていく必要があるのです。

たとえば、岐阜県高山市の場合、古い日本の町並みが大人気で、外国人観光客が訪れるとレンタサイクルに乗って自由に散策することができます。農家を訪問すると、軒先でお茶と沢庵をご馳走してくれる。それだけで外国人は大満足ですし、立派な国際交流になります。

最近は幸いなことに、外国人がSNSでどんどん面白かったことや驚いたことなどを発信してくれるので、フェイス・トゥ・フェイスのつきあいをすると、その情報が世界に発信されることにもなります。そうやって「あそこが面白い」という噂が広がると、人が集まって来るのです。

私は以前、あるリゾート地のコンサルティングをやったことがあります。このリゾートには人工湖があり、湖の周りを歩くと25分ぐらいです。観光道路でアクセスができ、駐車場があって土産物屋があります。

かつては観光客が車でやって来てスワンボートに乗って遊び、ラーメンやカレー、アイスクリームなどを食べて、お土産を買って帰るのが観光のパターンでした。ところが、お客さんがめっきり減りました。せっかく来てくれても、スマホで美しい山々の写真を撮ってラーメンやカレーを食べず、土産物も買わずに帰ってしまう。それで、土産物屋の店主が「こんなにいい景色なのに」と言うので、私はこう言ったのです。

「いい景色は日本全国にいっぱいあります。しかも、いつでもどこでもパソコンやスマホを検索すれば、その景色の写真や動画を見ることができます。だから、わざわざ足を運んでくれただけでも御《おん》の字なのです。写真を撮って5分で帰ることに怒っていてはダメ。もっと仕掛けなきゃダメですよ」

私が提案したのは、行政の補助金をもらって湖の周りにウッドデッキの歩道を作ることでした。家族連れはあまり来なくなったのでスワンボートはやめる。デッキを作るだけではお客さんはなかなか歩いてくれないので、木道に山の写真が撮《と》れる場所や白樺《しらかば》の林がきれいな場所などのフォトスポットを作る。桟橋《さんばし》を作って円形のスポットを作るのもいい。そして、スタンプラリーにすれば、日本人は生真面目だから全部回るでしょう。

写真を撮りながら湖をグルッと一周して30分ほど歩けば、喉《のど》が渇いてお腹がすく。ラーメンとカレーは止めましょう。高原野菜を使ったシチューとか、メニューを工夫して、ここでしか食べられない料理を出す。その料理が食べて美味しければ、高原野菜を買って帰ります。

こういう仕掛けでお客さんに楽しんでもらい、その場所に居させることによってお金を落とさせる。そういう仕掛けづくりの核となるのが、ホテルを中心にした宿泊施設なのです。

超高級ホテルもあれば、普通のホテルもある。旅館もあれば、ホステルもあれば、民泊もできる。いろいろな業態が横につながって、幅広いラインナップを作ることによって地域全体の発展の核にすることができるのではないか。

人間は滞在すると汗をかくし、喉が渇くし、お腹がすきます。そうなって初めて財布の口が開くのです。だから、宿泊させることは地方創生にとって非常に重要なポイントになってきます。

地域戦略のなかに自らを位置付けていくことが、新しい時代のホテルのあり方だと思います。

他業態との結び付きでもうひとつ記しておきたいのは、国内交通機関の横の連携です。

日本に来た外国人に聞くと、ＩＣカードのパスモなどを除いて共通パスがなく、鉄道を乗り換えるのが不便なうえに、交通費が高いというクレームがとても多いです。ＪＲには周遊券がありますが、これは私鉄では使えません。パスモはＪＲと私鉄の垣根を超えて使えますが、正規料金です。

たとえば、ヨーロッパにはユーレイルパスという共通パスがあり、ＥＵ内のどの国に行ってもこのパスひとつで乗り降りができ、値段も割安になっています。

だから、ＪＲ各社と私鉄全社が連携して、国内のすべての鉄道で使える外国人向けのフリーパスを作ったらよいと思います。そうすれば、外国人旅行客がストレスなく国内の隅々まで旅行することができるので、賑わいを失っている地方にも活性化のチャンスが生まれてきます。

他業態との結び付きも、日本がこれから観光立国を進めていく上でのひとつのポイントになると思います。

おわりに　ホテル・旅館と民泊が演出する、新しい日本の未来像

1　外国から「ひと」と「かね」を呼ぶ時代

日本は島国であるためか、外国人を受け入れることに関する意識は概して高くありませんでした。しかも、終戦時に7215万人だった人口が70年余り経った今、1億2700万人にまで激増し、日本国内だけでひとつの経済圏として成り立ってきました。

このため、日本人はつい最近まで外国人の受け入れについては疎《うと》く、ある意味で幸福でもあったのです。

お隣りの韓国の場合、人口が5150万人しかいませんから、経済が発展してある程度の規模に達すると国内だけでは需要が足りなくなり、海外に打って出るしかありませんでした。韓国経済が脆弱である主因は、人口が少ないことです。

日本は戦後、国内の経済圏を成り立たせるためにさまざまなインフラを整備しまし

たが、その代表格が鉄道と道路でした。つまり、輸送と移動のネットワークを整えることが国家発展の基軸だったのです。

したがって、まず鉄道の駅周辺が発展しました。続いて田中角栄政権（1972〜74年）以後、高速道路や道路の整備に力を入れ、車社会が到来しました。車社会になると、ロードサイドに店舗がどんどんできていくというのが都市あるいは地方の発展のパターンになりました。

ところが、21世紀に入り、日本の状況は大きく変化しました。人口は増加から減少に転じ、国民の4人に1人がお年寄りという超高齢社会が到来したのです。

同時に社会インフラについても、大きな転換点を迎えていると私は考えています。つまり、日本国内の内需だけで国家を維持することができなくなったのです。

少し前から言われていることではありますが、日本の大企業の多くは国内で稼いでいるわけではなく、海外で販売だけでなく生産も行なうようになっています。大企業が業績を上げれば、その関連企業にも恩恵が波及し、人々のふところも豊かになるというトリクルダウン理論がまことしやかに語られていますが、大企業は海外で稼いでいるわけですから、そうはならないのです。

そうした行き詰まり状態のなかで、ひとつの方向性を示しているのが、外国から人や物やお金を呼び寄せることです。

2 インバウンドは「空」と「海」からやってくる

2016年のゴールデンウィークに、私は中世ヨーロッパ建築を視察するためチェコの首都プラハに行ってきました。

プラハ市内のレストランで食事をしているとき、気づいたのが私たちを含めたお客さんの全員が外国人だということでした。

レストランの中でチェコ人と思われたのは、かろうじてサーブしてくれたウェイトレスぐらいでした。

お店の中での数少ないチェコ人であるウェイトレスの女性と話したら、「翌月、日本に行く」と言います。その女性は日本に行くのは初めてだけれども、一緒に行く友だちが以前、東京に行ったことがあるので、今回は大阪と京都を回るのだと、話してくれました。
その女性が「彼女がそう言うから大阪と京都に行くけれど、私はほんとは東京に行きたい」としきりに訴えるので、私は「また来ればいいじゃないの」と言って慰《なぐさ》めたのです。チェコからもインバウンドとして日本に来ていることを実感した一幕でした。

調べてみると、チェコのインバウンドは年間約１千万人程度でした。日本の半分にすぎないと思ったら、なんとチェコは人口が１千万人しかいないのです。ということは、人口と同じ規模のインバウンドが来ているということになります。人口と同じ規模ということは、日本の場合、年間１億人の外国人が来るということです。この事実をフェイスブックに書いたら、すごい反響がありました。

しかも、プラハの人口は１２０万人程度です。大抵の外国人はまずプラハに来ますから、１２０万人の都市に１千万人のインバウンドが来ていることになるわけです。そうなると、レストランに行っても外国人ばかりという状態も「さもありなん」と納得できます。

外国人をどうやって日本に呼び入れるか。

またその呼び入れ方によって国が大きく変わるであろうことを、このヨーロッパの真ん中に位置するチェコが教えてくれているのでした。

3　外国人との交流の場は、ホテル・民泊と広場

プラハを旅して思ったのは、ヨーロッパには広場があるということです。町の一角に広場があって、みんなが別に用がなくても自然発生的に集まり、ベンチでくつろいだりカフェに入ってお茶を飲んだりしています。

一方、日本には広場がありません。東京渋谷のハチ公前広場は単なる待ち合わせ場所で、とてもくつろげるようなところではありません。昔は路地裏がありましたが、車社会になって路地裏文化も廃《すた》れてしまいました。

今の若者たちはどこに集まるかというと、地方ではイオンに集まります。軽自動車に乗って来て駐車場に停め、イオンで飲んだり食べたり、だべったりしています。しかし、外国人観光客はイオンには来ませんから、広場にはなりません。

そうなると、外国人の集まる場所の周辺に広場を作ったらどうか。そこでイベントをやり、交流し、情報交換をするのです。日本の駅前広場は車やタクシーバスなどの移動手段の効率性を重視した構造になっているだけで「人が集まる」という機能を果たしているとはいえません。

そして、外国人観光客に滞在してもらうのがホテルです。したがって、ホテルに多くの情報を集めて、外国人に提供することが重要なポイントになります。日本人は外国人観光客にどういう「おもてなし」をするかばかりを考えがちですが、情報を集めて提供することこそが大切です。

これからはお客さんにいろんな情報を提供する情報の集約基地としてホテルの役割が注目されるようになると思います。

4　ホテルを情報の基点に、産業の結集を

地域にやってくる外国人旅行客を受け入れ、地域全体を繁栄させるひとつの基点になるのが宿泊施設だと私は考えています。だから、ホテル・旅館だけでなく、民泊と

いうシステムをうまく活用して、地域全体の戦略に取り込んでしまうことが、地方創生の切り札にもなると思うのです。

ホテルに情報を集めると、ホテルを中心にいろいろな産業が横につながることになります。なぜなら、空港や港湾のゲートを通過して来たインバウンドがホテルに滞在すると、そこでビジネスが発生するからです。

これまで、地域の人たちは何だか訳のわからない異邦人たちがホテルに泊まっているという程度の認識しか持っていなかったと思いますが、今後は広場などを活用して地域全体で外国人旅行客をフォローし、サポートするということです。

そのためにもホテル・旅館や地域の企業、それに行政も入った地域マネジメント会社を立ち上げ、外国人旅行客をどのように受け入れるか、地域全体の戦略を構想し、実践していく必要があります。

私自身は山口県の地域創生会社の顧問としてコンサルティングの仕事をしているので、広島・山口・福岡を包括した西瀬戸内エリア全体を活性化することができないか、考えはじめています。

その際、行政のバックアップが不可欠ですが、そうかと言って行政にまかせっきりでも事《こと》がうまく運びませんから、ビジネス感覚を持ったリーダーがプロジェクトを引っ張っていくのがよいと思います。

日本ではいつからか、入社から定年まで同じ会社にいることが当たり前のような意識になっています。私の場合、50歳で本格的に独立したのですが、今振り返ってつくづく思うのは、「ああ、独立してよかった」ということです。

50歳までにご奉公は尽くしましたから、最後までご奉公で終わる番頭みたいな生き方はできれば避けたい。それくらいなら、会社で教えてもらったことを活かして人生最後の数十年、充実した日々を送りたいと思ったからです。

誤解を恐れずに言えば、多くのサラリーマンは人生の墓場だと思います。激しい出世競争の結果は、ほぼ40歳過ぎで出てしまいます。とくに50歳を過ぎると、たとえ才能豊かであっても出世競争に敗れたサラリーマンは、いわば死に体の状態に追いやられています。

１００の能力があるのに20程度しか発揮できぬまま、定年を迎えるサラリーマンが多いのではないでしょうか。

出世しなかったといっても、たまたまその会社で評価されなかっただけで、まさに宝の持ち腐れです。そんなもったいないことをするぐらいなら、50歳ぐらいからどんどんリタイアしてもらって、地域創生のプロジェクトにブレインとして加わってもらったほうがずっと意味があるように思います。

民間企業で長く働いてビジネスマインドを持った人ばかりですから、こういった人材をフルに活用し、埋もれていた能力と腕前を存分に発揮してもらう。それまで企業で培ってきたノウハウや人脈を、すべて活かせるチャンスだと思うのです。

「サラリーマンよ、50歳になったら決起せよ！」

「子どものころに育ててもらった恩返しをするため、地域に戻って働こう！」

読者であるサラリーマン諸兄に決起を呼びかけて、筆を擱《お》くことにします。

切りとり線

★読者のみなさまにお願い

この本をお読みになって、どんな感想をお持ちでしょうか。祥伝社のホームページから書評をお送りいただけたら、ありがたく存じます。今後の企画の参考にさせていただきます。また、次ページの原稿用紙を切り取り、左記まで郵送していただいても結構です。

お寄せいただいた書評は、ご了解のうえ新聞・雑誌などを通じて紹介させていただくこともあります。採用の場合は、特製図書カードを差しあげます。

なお、ご記入いただいたお名前、ご住所、ご連絡先等は、書評紹介の事前了解、謝礼のお届け以外の目的で利用することはありません。また、それらの情報を6カ月を越えて保管することもありません。

〒101-8701（お手紙は郵便番号だけで届きます）
祥伝社新書編集部
電話03（3265）2310
祥伝社ホームページ　http://www.shodensha.co.jp/bookreview/

★本書の購買動機（新聞名か雑誌名、あるいは○をつけてください）

＿＿＿新聞の広告を見て	＿＿＿誌の広告を見て	＿＿＿新聞の書評を見て	＿＿＿誌の書評を見て	書店で見かけて	知人のすすめで

★100字書評……民泊ビジネス

名前

住所

年齢

職業

牧野知弘　まきの・ともひろ

1959年、アメリカ生まれ。東京大学経済学部卒業。ボストンコンサルティンググループを経て、三井不動産に勤務。2006年、J-REIT（不動産投資信託）の日本コマーシャル投資法人を上場。現在はオラガHSC株式会社代表取締役としてホテルや不動産のアドバイザリーのほか、市場調査や講演活動を展開。『なぜ、町の不動産屋はつぶれないのか』『なぜビジネスホテルは、一泊四千円でやっていけるのか』『空き家問題』『インバウンドの衝撃』（いずれも祥伝社新書）などの著書多数。

民泊《みんぱく》ビジネス

牧野《まきの》知弘《ともひろ》

2016年８月10日　初版第１刷発行

発行者……………辻 浩明
発行所……………祥伝社《しょうでんしゃ》
〒101-8701　東京都千代田区神田神保町3-3
電話　03(3265)2081(販売部)
電話　03(3265)2310(編集部)
電話　03(3265)3622(業務部)
ホームページ　http://www.shodensha.co.jp/

装丁者……………盛川和洋
印刷所……………萩原印刷
製本所……………ナショナル製本

Printed in Japan　ISBN978-4-396-11477-0　C0233

〈祥伝社新書〉
医学・健康の最新情報

314
「酵素」の謎
なぜ病気を防ぎ、寿命を延ばすのか
人間の寿命は、体内酵素の量で決まる。酵素栄養学の第一人者がやさしく説く
医師 鶴見隆史《たかふみ》

348
臓器の時間
進み方が寿命を決める
臓器は考える、記憶する、つながる……最先端医学はここまで進んでいる！
慶應義塾大学医学部教授 伊藤 裕《ひろし》

438
腸を鍛える
腸内細菌と腸内フローラ
腸内細菌と腸内フローラが人体に及ぼすしくみを解説、その実践法を紹介する
東京大学名誉教授 光岡知足《ともたり》

307
肥満遺伝子
やせるために知っておくべきこと
太る人、太らない人を分けるものとは？　肥満の新常識！
順天堂大学大学院教授 白澤卓二

319
本当は怖い「糖質制限」
糖尿病治療の権威が警告！　それでも、あなたは実行しますか？
医師 岡本 卓《たかし》

〈祥伝社新書〉
医学・健康の最新情報

432
本当は怖い肩こり
揉《も》んでは、いけない！　専門医が書いた、正しい知識と最新治療・予防法

東京医科大学講師 遠藤健司
横浜南共済病院 三原久《ひさ》範《のり》

190
発達障害に気づかない大人たち
ＡＤＨＤ、アスペルガー症候群、学習障害……全部まとめて、この1冊でわかる！

福島学院大学教授 星野仁《よし》彦《ひこ》

356
睡眠と脳の科学
早朝に起きる時、一夜漬《いちやづ》けで勉強をする時……など、効果的な睡眠法を紹介する

杏林大学医学部教授 古賀良彦

404
科学的根拠にもとづく最新がん予防法
氾濫《はんらん》する情報に振り回されないでください。正しい予防法を伝授！

国立がん研究センター
がん予防・検診研究センター長 津《つ》金《がね》昌一郎

458
医者が自分の家族だけにすすめること
自分や家族が病気にかかった時に選ぶ治療法とは？　本音で書いた50項目！

医師 北條元治

〈祥伝社新書〉
牧野知弘・不動産の世界

228
なぜ、町の不動産屋はつぶれないのか
知れば知るほど面白い！　土地と不動産の不思議なカラクリとは……。
不動産コンサルタント
牧野知弘

295
なぜビジネスホテルは、一泊四千円でやっていけるのか
業界関係者だけが知っている、泊まってもいいホテル、いけないホテル
牧野知弘

371
空き家問題
地方も大都市も、空っぽの家ばかり！　毎年20万戸ずつ増える「空き屋クライシス」の実態！

牧野知弘

439
インバウンドの衝撃
——外国人観光客が支える日本経済
溢れかえる訪日外国人客。日本経済の救世主の動向を探る！
牧野知弘